문수변상도(文殊變相圖) [돈황(敦煌)·서하(西夏)]

대족보정산열반상(大足寶頂山涅槃像)
[사천(四川)·송(宋)]

문수보살(文殊菩薩) [돈황(敦煌)·당(唐)]

동자배관음(童子拜觀音) [청(淸)]

原文對譯
원문대역

血書眞經
혈서진경

(原題) 長壽滅罪經
원제 장수멸죄경

漢譯 佛陀波利
한역 불타파리

編譯 許好廷
편역 허호정

Baikaltai House

目次 목차

一、 머리말 ································ 一五

二、 **佛說長壽滅罪護諸童子多羅尼經** 불설장수멸죄호제동자다라니경
① 문수보살(文殊菩薩)의 인연(因緣)이 일어난 배경(背景)과 오역죄(五逆罪)와 임신(姙娠)한 태아(胎兒)를 독살(毒殺)한 죄(罪) ···· 二九
② 동자(童子)를 보호(保護)하다 ················ 一○三
③ 죄업(罪業)을 소멸(消滅)하고 비명횡사(非命橫死)를 막다 ········ 一五九

三、 **法供養發願文** (서기 1279년 5월) 법공양발원문 ································ 二一五

四、 불경(佛經)을 인쇄(印刷)하거나 불상(佛像)을 조성(造成)하면 얻게 되는 열 가지 이익(利益) ···· 二二一

五、십선(十善)과 십악(十惡)

① 살생(殺生)에 관(關)한 응보(應報) …………… 二二五
② 절도(竊盜)에 관(關)한 응보(應報) …………… 二二七
③ 음행(淫行)에 관(關)한 응보(應報) …………… 二二九
④ 입으로 짓는 선악(善惡)의 응보(應報) ………… 二三一
⑤ 탐진치(貪嗔痴)에 관(關)한 응보(應報) ……… 二三三
⑥ 음주(飮酒)했을 때 생기는 서른여섯가지 해악(害惡) …… 二三七

六、畵報 …………………………………………… 二四一

① 석가모니(釋迦牟尼) — 16세기(十六世紀) …… 二四三
② 아미타불(阿彌陀佛) — 15세기(十五世紀) …… 二四五
③ 미륵불(彌勒佛) — 15세기(十五世紀) ………… 二四七
④ 약사불(藥師佛) — 15세기(十五世紀) ………… 二四九
⑤ 연등불(燃燈佛) — 17세기(十七世紀) ………… 二五一
⑥ 대일여래(大日如來) — 15세기(十五世紀) …… 二五三
⑦ 아축불(阿閦佛) — 15세기(十五世紀) ………… 二五五
⑧ 청정불(淸淨佛) — 17세기(十七世紀) ………… 二五七
⑨ 금강지(金剛持) — 15세기(十五世紀) ………… 二五九
⑩ 대위덕금강(大威德金剛) — 15세기(十五世紀) …… 二六一

⑪ 밀집금강(密集金剛) - 17세기(十七世紀) ············· 二六三
⑫ 공행모(空行母) - 13세기(十三世紀) ················ 二六五
⑬ 금강살타(金剛薩埵) - 15세기(十五世紀) ·············· 二六七
⑭ 존승불모(尊勝佛母) - 15세기(十五世紀) ·············· 二六九
⑮ 육비문수(六臂文殊) - 18세기(十八世紀) ·············· 二七一
⑯ 사유관음(思惟觀音) - 15세기(十五世紀) ·············· 二七三
⑰ 반야불모(般若佛母) - 15세기(十五世紀) ·············· 二七五
⑱ 달마다라상(達摩多羅像) - 18세기(十八世紀) ············ 二七七
⑲ 가섭존자상(迦葉尊者像) - 18세기(十八世紀) ············ 二七九
⑳ 연화생대사상(蓮花生大師像) - 16세기(十六世紀) ········· 二八一
㉑ 다문천왕(多聞天王) - 15세기(十五世紀) ·············· 二八三
㉒ 금강수호법(金剛手護法) - 13세기(十三世紀) ············ 二八五
㉓ 길상천모(吉祥天母) - 13세기(十三世紀) ·············· 二八七
㉔ 백재신(白材神) - 17세기(十七世紀) ················· 二八九
㉕ 흑재신(黑財神) - 15세기(十五世紀) ················· 二九一
㉖ 기사신(騎獅神) - 15세기(十五世紀) ················· 二九三
㉗ 대범천(大梵天) - 15세기(十五世紀) ················· 二九五
㉘ 금강해모(金剛亥母) - 13세기(十三世紀) ·············· 二九七
㉙ 가릉빈가(迦陵頻伽) - 16세기(十六世紀) ·············· 二九九
㉚ 능식공행(能食空行) - 16세기(十六世紀) ·············· 三〇一

혈서진경(血書眞經)

(原題) 佛說長壽滅罪護諸童子多羅尼經
원제 불설장수멸죄호제동자다라니경

머리말

어찌하여
혈서진경(血書眞經)인가
혈서진경(血書眞經)이란
뼈를 깎아
피를
먹으로 삼아 쓴 경(經)이기 때문에
혈서진경(血書眞經)이라 한다

어찌하여
불설(佛說)인가?

불설(佛說)이란
장광설(長廣舌)에
한 마디 한 마디 말씀이 모두 진언(眞言)이 아님이 없기 때문에
불설(佛說)이라 한다

어찌하여
장수(長壽)인가?

불자(佛子)라면
오래 살고자 하는
수명(壽命)에 대(對)한 탐욕(貪慾)마저도 버려야 할 것인데
어찌하여
장수(長壽)를 거론(擧論)하는 것인가?

염부제(閻浮提) 모든 중생(衆生)들은
한결같이

모두가
비명횡사(非命橫死)를 하지 않는 자(者)가 없기 때문에
장수(長壽)를
갈망(渴望)의 제일의(第一義)로 삼아 장수(長壽)라 한 것이다

어찌하여
멸죄(滅罪)인가?

염부제(閻浮提) 중생(衆生)들은
모두가 죄(罪)를 짓고 염부(閻浮)에 오지 않는 자(者)가 없기 때문에
멸죄(滅罪)를
수행(修行)의 첫 번째 계단(階段)으로 삼아 멸죄(滅罪)라 한 것이다

어찌하여
호(護)라 한 것인가?

호(護)라 함은
염부제(閻浮提)라고 하는 곳이
제 아무리 힘이 센 천하장사(天下壯士)라도

대비력사(大悲力士)들이 두호(斗護)하지 않고는
버틸 수 없는 악처(惡處)이기 때문에
호(護)라는 권세(權勢)가
대원(大願)과 함께 발동(發動)하므로 호(護)라 한 것이다

어찌하여
제(諸)라 한 것인가?

제(諸)라 함은
어느 한 사람이나
어느 한쪽을 대상으로 하지 않기 때문에
모든 중생(衆生)들을 모두 지칭(指稱)하여 제(諸)라 한 것이다

어찌하여
동자(童子)라 한 것인가?

동자(童子)란
삼계(三界)를 상징(象徵)하는 호법체(護法體)로서
어느 생명체(生命體)든

동자관(童子關)을 거쳐야
비로소
하나의 완성(完成)된 성령(性靈)을 이루기 때문에
소중하고도 깨지기 쉬운
순양동정(純陽童貞)을 중시(重視)하여 동자(童子)를 말한 것이다

어찌하여
다라니(多羅尼)인가?

다라니(多羅尼)란
삼계(三界) 제법계(諸法界)가 공용(共用)하는
공통언어(共通言語)이므로 다라니(多羅尼)라 한 것이다

어찌하여
경(經)인가?

경(經)이란
성간(星間)의 모든 로선(路線)을 범망(梵網)으로 연결(連結)하며
찰나(刹那)와 만겁(萬劫)을 잇는 정궤(正軌)이기 때문에 경(經)이라 한 것이다

법계(法界)는
거대(巨大)한
헤아릴 수(數)도 없이
큰 도량(度量)을 가진
어머니의 한 품과 같다

그 속에서
수많은 생명체(生命體)들이
태어나고
또
숨을 거두며 사라진다

참으로
진실(眞實)된 어머니가
주관(主管)하는 일은 해산(解産)에 있지
살상(殺傷)하며 죽이는 일은
어머니가 하는 일이 아니다.

그러기에
낙태(落胎)는
여인(女人)으로서는
씻을 수 없는 치욕(恥辱)이 되는 것인데
어머니라는 모신(母神)이 어찌 그 치욕(恥辱)스러운 일을 스스로 자행(恣行)하겠는가?

○ 팔만대장경(八萬大藏經)이란
삼청(三淸)에서
금강(金剛)을 만들고자
제법계(諸法界)의 티끌을 모아 범망(梵網)으로 걸러내어
선불(仙佛)의 입을 통하여 범음(梵音)으로 설(說)하신 말씀을
집대성(集大成)해 놓은 것이다.

활자(活字)란 살아 움직이는 것이어서
뜻이 있는 사람이라면 능히 손을 잡아 이끌어서
불지(佛池)로 인도(引導)하여 부처님도 만나게 해 주고
정토(淨土)로 접인(接引)하여 무량수(無量壽)를 누리게도 해 주고
죄인(罪人)을 사면(赦免)하여 속박(束縛)을 풀어 주기도 하고

불보살(佛菩薩)이 되고자 눈여겨보는 사람들에게는 안내서(案內書)가 되기도 한다.

장수멸죄호제동자다라니경(長壽滅罪護諸童子多羅尼經)의 연기(緣起)는 이러하다.

아득히 먼 과거(過去) 어느 한 세상(世上)에 전도녀(顚倒女)라는 한 여인(女人)이 잉태(孕胎)를 한 지 8개월(八個月)이 되었는데

집안에 대대(代代)로 내려오는 전통(傳統)에 따라 자기 의사(意思)와는 아무 상관없이

어쩔 수 없이 살태(殺胎)를 하게 되었다.

그 때 전도녀(顚倒女)는 출가(出家)를 하고자 하여 보광(寶光)부처님을 만나

살태(殺胎)를 하면

그 죄보(罪報)로 중죄(重罪)를 받는다는 것이 사실(事實)인가 여쭈었다.

이에 보광(寶光)부처님께서 말씀하셨다.

낙태(落胎)한 죄(罪)는
살아서는
중병보(重病報)를 받고 수명(壽命)이 단명(短命)해지며
죽어서는
아비지옥(阿鼻地獄)에 떨어져서 이루 말할 수 없는 고통(苦痛)을 받게 된다.

보광(寶光)부처님 말씀을 들은 전도녀(顚倒女)는
죽은 후(後)에는 아비지옥(阿鼻地獄)에 떨어져서
무서운 고통(苦痛)을 받게 된다는 생각에 사무치자 졸도(卒倒)하였다가 깨어나서
보광(寶光)부처님께 아비지옥(阿鼻地獄)을 벗어나게 해달라고 애원(哀願)을 하였다.

전도녀(顚倒女)를 가련(可憐)하게 여기신
보광(寶光)부처님께서 경(經)을 설(說)하시니,

전도녀(顚倒女)는 자기의 살과 뼈를 깎아

자기의 피를 찍어 경(經)을 써서 보광(寶光)부처님께 공양(供養)을 올리니

그것이 바로

장수멸죄호제동자다라니경(長壽滅罪護諸童子多羅尼經)이

성립(成立)이 된 연기(緣起)이다.

보광(寶光)부처님께서는

전도녀(顚倒女)가 진심(眞心)으로 참회(懺悔)하며

뼈를 잘라 깎아 쓴 법공양(法供養)을 찬탄(讚嘆)하시며,

오는 세상(世上)에는 무우국토(無憂國土)에 태어나서

영원하도록 안락(安樂)하리라. 하시며 이마를 짚고 마정수기(摩頂授記)를 주셨다.

이에,

전도녀(顚倒女)는

무우국토(無憂國土)에 태어나거나 안락(安樂)하기도 바라지 않고

다만 태어날 때마다 세세생생(世世生生) 부처님을 모시고

중생(衆生)을 제도(濟度)하기를 발원(發願)함으로、

전도녀(顚倒女)는 대원(大願)을 성취(成就)하고

문수보살(文殊菩薩)이 되어

죄(罪)많은 여인(女人)들의 귀의처(歸依處)가 되게 된 것이다。

역자(譯者)가

장수멸죄호제동자다라니경(長壽滅罪護諸童子多羅尼經)과

인연(因緣)을 맺게 된 일은 이러하다

십여년(十餘年) 전(前)

어느 봄날 오후、

전남(全南) 화순(和順)에서 볼일을 끝내고 귀경(歸京)하기 위해

광주(光州) 고속철(高速鐵) 역구내(驛區內)

휴게실에서 정숙(貞淑) 양보살(梁菩薩)을 잠깐 만난 일이 있었는데

그 때

양보살(梁菩薩)은 나에게 간곡(懇曲)한 말로 부탁(付託)을 했다.

아이들이 낙태(落胎)를 하지 않고 생명(生命)이라는 것이 얼마나 소중한 것인지 알게 해 줄만한 불경(佛經)이 없을까요?

그 때

간단(簡單)했지만 간곡(懇曲)했던 양보살(梁菩薩)의 말을 듣고 상경(上京)한 후(後)에 우연(偶然)히 도서관(圖書館)에서 지원(至元) 15년 (서기 1279년)에 처(妻) 양씨(梁氏)를 위하여 법공양(法供養)을 올렸던 옛 책(册)을 발견하고는 인연(因緣)이란 참으로 묘(妙)한 것이라는 생각을 지울 수가 없었다.

서기 1279년의 처(妻) 양씨(梁氏)와 서기 2009년의 양씨(梁氏) 성(姓)을 가진 보살(菩薩), 두 양씨(梁氏)는 도대체(都大體) 무슨 연관(聯關)이 있단 말인가?

양정광녀(梁淨光女) 정숙보살(貞淑菩薩)

이제 그는 가고 없으나

생전(生前)에 주고받은 지워지지 않는 오색 무지개를 붙들고

적멸(寂滅) 속으로 몸을 감춘 그를 그리워하며

법공양(法供養)으로 만근(萬斤) 보옥(寶玉)을 세상(世上)에 남긴다.

그대여!

어디에서든 행복(幸福)하라.

그리고

어디에선가

혹시라도

나의 어머니를 만나거든

이 못난 딸은 잘 있다고 안부나 전해 주시게.

자적화(自寂華) 허호정(許好廷) 謹書

－아난존자(阿難尊者)－

아난존자(阿難尊者)는 불제자(佛弟子) 중에서 가장 나이가 어렸으나 총명했던 까닭에 부처님의 말씀을 모두 기억해내는 탁월한 지능(知能)에 의해 다문제일(多聞第一)의 칭호를 얻었다.

모든 경전의 첫 머리에 나오는 여시아문(如是我聞)은 아난존자(阿難尊者)를 지칭하지만, 여시아문(如是我聞)이란 말은 삼계(三界)의 현관문(玄關門)을 여는 열쇠로 제법실상(諸法實相)의 총체(總體)가 함축(含蓄)되어 있는 찬란(燦爛)한 개계사(開啓辭)와 같다.

佛說長壽滅罪護諸童子多羅尼經
불설장수멸죄호제동자다라니경

계빈국 사문 불타파리봉 조역
罽賓國 沙門 佛陀波利奉 詔譯

① 문수보살(文殊菩薩)의 인연(因緣)이 일어난 배경(背景)과 오역죄(五逆罪)와 임신(姙娠)한 태아(胎兒)를 독살(毒殺)한 죄(罪)

1 如是我聞 一時 佛 在王舍城耆闍崛山中 與大比丘眾千二百五十人
여시아문 일시 불 재왕사성기사굴산중 여대비구중천이백오십인

나 아난(阿難)은
어느 날
석가모니(釋迦牟尼)부처님께서 말씀하시는 것을 이와 같이 들었다

부처님께서
왕사성(王舍城) 기사굴산(耆闍崛山)에서
대비구중(大比丘衆) 천이백오십인(千二百五十人)과 함께 계실 때

俱諸大菩薩萬二千人 俱 及諸天龍八部鬼神人非等共
구 제대보살만이천인 구 급제천룡팔부귀신인비등공
會說法
회 설법

그 자리에
대보살(大菩薩) 만이천인(萬二千人)과 모든 천룡팔부(天龍八部)와 귀신(鬼神)과
사람과 사람 아닌 것들도 모두 모여 있을 때 설법(說法)을 하시었다

爾是 世尊 於其面門 以佛神力 放種種光 其光 五色靑
이시 세존 어기면문 이불신력 방종종광 기광 오색청
黃赤綠白
황적녹백

그 때에

부처님께서는 신통력(神通力)으로
면문(面門)인 미간(眉間)에서
청색(靑色) 황색(黃色) 적색(赤色) 록색(綠色) 백색(白色)의
온갖 오색찬란(五色燦爛)한 광명(光明)을 쏟아 내시였는데

一色之中 有無量化佛 能作佛事 不可思議 一一化佛有
無量化菩薩

각각(各各) 한 가지 색깔마다 수(數)도 없는 무량(無量)한 부처님들이 나타나셔서
부처님의 권능(權能)을 행사(行事)하시는데 참으로 불가사의(不可思議)한 일이였다
나타나신 한 분 한 분 부처님들과
한도 끝도 없는 무량(無量)한 보살(菩薩)들도 변화(變化)를 보이시며

讚頌佛德 其光 微妙 難可測量 上至非非想天 下地阿
鼻地獄 徧币八萬

無不普照 其中衆生 遇佛光者 自然念佛 皆得初地方便
三昧

부처님의 공덕(功德)을 찬탄(讚嘆)하시는데
그 광경(光景)이 너무나도 미묘(微妙)하여서 측량(測量)하기가 어려웠다
위로는 비비상상천(非非想天)에까지 이르렀고 아래로는 아비지옥(阿鼻地獄)에까지
팔만(八萬)겁으로 두루 에워싸서
비추지 않는 곳이 없었는데 그 가운데 있는 중생(衆生)들은
부처님 광명(光明)을 만나는 자(者)마다 저절로 염불(念佛)을 하였고
모두가 다 초지방편삼매(初地方便三昧)를 얻었다

❷ 爾是 衆中 新發意菩薩四十九人 各欲從佛 求長
壽命 無能發問 時

그 때에
좌중(座中)에
새로 발심(發心)을 한 사십구인(四十九人)의 보살(菩薩)이 있어
비명횡사(非命橫死)를 하지 않고 장수(長壽)하는 방법(方法)을 묻고 싶었으나
도저히 여쭈어 보지 못하고 있을 때에

文殊舍利菩薩 知有所疑 從座而起 偏袒右肩 合掌向佛
문수사리보살 지유소의 종좌이기 편단우견 합장향불
而白佛言
이백불언

문수사리보살(文殊舍利菩薩)께서
그들이 의문(疑問)을 품고 있는 것을 알아차리고
좌중(座中)에서 일어나 오른쪽 어깨를 드러내는 예의(禮儀)를 갖춘 다음
부처님을 향(向)해서 합장(合掌)을 하며 부처님께 말했다

世尊 我見衆中 有所疑者 今欲諮問 唯願如來 聽我所說
세존 아견중중 유소의자 금욕자문 유원여래 청아소설

세존(世尊)이시여

제가 좌중(座中)을 보건대 대중(大衆) 가운데에 의문(疑問)을 가지는 바가 있어서

제가 부처님께 자문(諮問)하고자 하나이다

원(願)하옵건대 부처님께서 저의 말씀을 들어 주소서

佛言 善哉善哉 文殊舍利 汝有所疑 當恣汝問 文殊舍利言

부처님께서 말씀하셨다

선재(善哉)、선재(善哉)라 문수사리(文殊舍利)여

그대에게 의문(疑問)이 있으면 당연히 거리낌 없이 물어라

문수사리(文殊舍利)가 여쭈었다

世尊 一切衆生 於生死海 造諸惡業 從劫至劫 輪廻六道 縱得人身

세존(世尊)이시여

일체(一切) 모든 중생(衆生)들이

생사(生死)의 바다에서 온갖 나쁜 악업(惡業)을 만들어 내며

시작(始作)조차 알 수 없는 아득하고 먼 겁(劫)에서부터 지금에까지 이르도록

육도(六道)를 덧없이 윤회(輪廻)하면서 어쩌다가 사람 몸을 받아도

得短命報 云何令其得壽命長 滅諸惡業 唯願世尊 說長壽法
득단명보 운하령기득수명장 멸제악업 유원세존 설장수법

명(命)대로 살지 못하고 죽는 단명보(短命報)를 받는데

어떻게 하면 자기가 타고난 명(命)대로 장수(長壽)를 누리고,

루겁(累劫)에 걸쳐 지나오면서 지은 나쁜 악업(惡業)을 소멸(消滅)할 방법(方法)이 있는지

원(願)하옵건대 세존(世尊)이시여 설(說)하여 주소서

佛言 文殊 汝大慈無量 愍念罪苦衆 能問斯事 我若具
불언 문수 여대자무량 민념죄고중 능문사사 아약구

三五

說一切衆生 無能信受
설일체중생 무능신수

부처님께서 말씀하셨다

문수(文殊)여

그대의 대단한 자비(慈悲)는 무량(無量)하여서

죄(罪) 많은 중생(衆生)들이 고통(苦痛)에 빠져 괴로워하는 것을 불쌍히 여겨 물을 수 있었으나,

다른 일체(一切) 중생(衆生)들은 내가 구체적(具體的)으로 자세히 설명(說明)한다 하여도 믿으려 하거나 받아 지니지도 아니할 것이다

文殊舍利 重白佛言 世尊 一切種智天人之師 普覆衆生 是大慈父
문수사리 중백불언 세존 일체종지천인지사 보복중생 시대자부

문수사리(文殊舍利)가 부처님께 다시 여쭈었다

세존께서는

일체종지(一切種智)를 갖추신 천인사(天人師)이시며

중생(衆生)들을 포근히 덮어 주시는 대자부(大慈父)이시며

❸ 一音演說 爲大法王 唯願世尊 哀愍廣說
일음연설 위대법왕 유원세존 애민광설

고르게 한 목소리 일음(一音)으로 연설(演說)하시는 대법왕(大法王)이시오니
오직 바라옵건대 세존(世尊)이시여
애민(哀愍)히 여기시사 널리 설(說)하여 주소서

佛便微笑 普告大衆 汝等諦聽 當爲汝說 過去世
불편미소 보고대중 여등체청 당위여설 과거세
時 有世界 名 無垢淸淨
시 유세계 명 무구청정

부처님께서는
문득 미소(微笑)를 지으시고
대중(大衆)들에게 고(告)하여 말씀하셨다
그대들은 자세히 들어라

마땅히
그대들을 위하여 설(說)하리라
오랜 옛날 과거세상(過去世上)에
한 세계(世界)가 있었는데
그 세계(世界)의 이름이
무구청정(無垢淸淨)이었다

其토 有佛 號 寶光正見如來 應供 正徧知 明行足 善逝
世間解

그 땅에
보광정견여래(寶光正見如來)라는
부처님이 계셨는데
응공(應供) 정변지(正徧知) 명행족(明行足) 선서(善逝) 세간해(世間解)

無上士 調御丈夫 天人師 佛世尊 爲無量無邊菩薩大衆
恭敬圍繞
其佛法中 有一優婆夷 名曰顚倒 聞佛出世 求欲出家
悲號啼哭

무상사(無上士) 조어장부(調御丈夫) 천인사(天人師) 불(佛) 세존(世尊)이라 하며
한(限)도 없고 끝도 없는 수많은 보살(菩薩) 대중(大衆)들이 에워싸고 모두가
공경(恭敬)하고 있었다

그러한 불법(佛法) 회중(會中) 가운데에
우바이(優婆夷)가 한 사람이 있었는데 이름을 전도(顚倒)라 하였다
그 전도(顚倒)라 하는 여인(女人)이
부처님께서 세상(世上)에 나오셨다는 소문(所聞)을 듣고 출가(出家)하고자 하여
목놓아 슬피 울며

白彼佛言 世尊 我有惡業 求欲懺悔 唯願世尊 聽我具
說 我於昔時

보광정견여래(寶光正見如來)부처님 전(前)에 나아가 아뢰었다
세존(世尊)이시여
저에게 아주 나쁜 악업(惡業)이 있어서 참회(懺悔)하고자 하나이다
오직 간절(懇切)히 원(願)하옵건대 저의 말씀을 들어 주소서
제가 예전에

身懷胎孕 足滿八月 爲家法故 不貪兒息 遂服毒藥 殺
子傷胎

임신(姙娠)한 몸으로 잉태(孕胎)한 지 여덟 달 만에
집안 대대(代代)로 내려오는 가법(家法) 때문에 어쩔 수 없이 자식(子息)을
탐(貪)내지 않고 독약(毒藥)을 먹어 태아(胎兒)의 자식(子息)을 죽인 일이 있었습니다

唯生死兒 人形 具足 曾聞智人 來謂我言 若固傷胎 此
人現世

그렇게 해서 죽은 아이를 낳게 되었는데 사람의 형상을 모두 갖추고 있었습니다
일찍이 지혜(智慧)로운 지자(智者)가 와서 저의 말을 듣고는 이르기를,
만약에 태(胎)를 상(傷)해 낙태(落胎)한 사람은 살아있는 생전(生前)에는

得重病報 壽命短薄 墮阿鼻地獄 受大苦惱 我今惟忖
生大悲懼

중병(重病)에 걸리는 응보(應報)를 받고
수명(壽命)이 짧아지며
명(命)이 붙어있어서 살아있다고 하여도
박약(薄弱)해진 수명(壽命)으로 고통을 받고
죽어서는

唯願世尊 以慈悲力 爲我說法 聽我出家 令免斯苦
유원세존 이자비력 위아설법 청아출가 령면사고

아비지옥(阿鼻地獄)에 떨어져서 크나큰 고통(苦痛)을 받는다고 하였사오는데
제가 이제 생각해 보면 오직 슬프고 두렵기만 할 뿐입니다

오직 원(願)하옵건대 세존(世尊)이시여
부처님께서 자비(慈悲)를 베풀어 주셔서
저를 위하여 설법(說法)을 해 주시고
제가 출가(出家)하고자 하는 저의 소청(所請)을 들어 주시고
제가 태아(胎兒)를 독살(毒殺)한 고통(苦痛)에서 벗어나도록 하여 주소서

❹
爾時 寶光正見如來 告顚倒言 世間 有五種懺悔
이시 보광정견여래 고전도언 세간 유오종참회
難滅 何等 爲五
난멸 하등 위오

이 때
보광정견여래(寶光正見如來)께서

전도(顚倒) 여인(女人)에게 말씀하시기를

세상(世上)에는

아무리 참회(懺悔)하여도 소멸(消滅)시킬 수 없는 죄(罪)가 다섯 가지가 있는데

무엇이 다섯 가지가 되는가 하면

一者 殺父 二者 殺母 三者 殺胎 四者 出佛身血 五者
일자 살부 이자 살모 삼자 살태 사자 출불신혈 오자

破和合僧
파화합승

첫째가 아버지를 죽인 죄(罪)

둘째가 어머니를 죽인 죄(罪)

셋째가 태아(胎兒)를 죽인 죄(罪)

넷째가 부처님 몸에서 피가 나게 한 죄(罪)

다섯째가 승단(僧團)의 화합(和合)을 파괴(破壞)한 죄(罪)이다

如此惡業罪 難消滅 爾時 顚倒女人 啼號硬咽 悲泣雨
여차악업죄 난소멸 이시 전도여인 제호경인 비읍우

涙_루 五體投地_{오체투지}

이와 같은 나쁜 악업(惡業)은 소멸(消滅)하기가 아주 어려운 것이다.

그 때에 전도(顚倒) 여인(女人)은
엉엉 울어 목이 메고 슬픈 눈물을 빗물처럼 쏟으며
온 몸을 땅에 던져서 오체투지(五體投地)를 하고

跪_궤轉_전佛_불前_전而_이白_백佛_불言_언 世_세尊_존 大_대慈_자 救_구護_호一_일切_체 唯_유願_원世_세尊_존 憐_련愍_민說_설法_법

부처님 앞에 다리를 오므리고 엎드려 부처님께 말씀을 올렸다
세존(世尊)께서는
대자대비(大慈大悲)로 일체(一切) 중생(衆生)을 구호(救護)하시는 분이시니
오직 원(願)하옵건대
저를 가련(可憐)하게 보시고 저를 위하여 설법(說法)하여 주소서

寶光正見如來 而重告言 汝此惡業 當墮阿鼻地獄 無有休息 熱地獄中

보광정견여래(寶光正見如來)께서
전도(顚倒) 여인(女人)에게 거듭 고(告)하여 말씀하시기를
전도(顚倒)여 그대가 지은 악업(惡業)은
당연히 아비지옥(阿鼻地獄)에 떨어져
쉴 사이 없이 고통(苦痛)을 받아야 할 죄(罪)인데,
열지옥(熱地獄)의 화염(火焰)은

暫遇寒風 罪人暫寒 寒地獄中 暫遇熱風 罪人暫熱 無間地獄 無有是處

잠깐 동안 찬 바람이 불면 죄인(罪人)이 잠깐 동안은 서늘해지는 곳이고,

上火徹下 下火徹上 四面鐵牆 上安鐵網 東西四門
상화철하 하화철토 사면철장 상안철망 동서사문
有猛業火
유맹업화

한빙지옥(寒氷地獄)은
뜨거운 바람이 불면 죄인(罪人)이 잠깐 동안은 따뜻해질 수 있지만
무간지옥(無間地獄)인 아비지옥(阿鼻地獄)은
이렇게 잠깐 동안만이라도 고통(苦痛)을 쉴 수 없는 곳으로

위에 있던 불길이 아래로 사무치고
아래에 있던 불길은 위로 사무쳐 올라가는데
사방(四方)의 벽면(壁面)은 무쇠 철(鐵) 담장이고
철 담장 위로는 철조망(鐵條網)이 쳐져 있고
동서(東西)로 네 개의 문(門)이 있지만
맹렬(猛烈)하게 타오르는 업화(業火)의 불길이
나가는 문(門)을 봉쇄(封鎖)하고 있다

若有一人 身亦徧獄 身長八萬由旬 若衆多人 亦皆徧滿
약유일인 신역편옥 신장팔만유순 약중다인 역개편만

만약 어떤 사람이라도 아비지옥(阿鼻地獄)에 있게 되면
몸이 그 지옥(地獄)에 꽉 들어차 몸의 길이가 팔만유순(八萬由旬)이 되는데
한 사람이 있거나 아무리 많은 사람이 있거나 간에
역시 모두 지옥(地獄)에 두루 가득 들어차고

罪人徧身 有大鐵蛇 其毒苦痛 甚於猛火 或從口入 從眼耳出 周帀纏身
죄인편신 유대철사 기독고통 심어맹화 혹종구입 종안이출 주잡전신

죄인(罪人)의 몸을
무쇠로 된 철사(鐵蛇)뱀이 감고 있는데 그 매서운 고통은 활활 타오르는
맹렬(猛烈)한 불길보다 고통(苦痛)이 더 극심(極甚)하여서
무쇠로 된 철사(鐵蛇) 뱀이 혹(或)은 입으로 들어가기도 하고
눈으로 들어갔다가 귀로 나오기도 하며 온 몸을 칭칭 얽어매기도 하고

從劫至劫 罪人肢節 常出猛火 復有鐵鴉 啄食其肉 或
有銅狗

시작(始作)조차 알 수 없는
아득하고 먼 겁(劫)에서부터
지금의 겁(劫)에 이르도록까지
죄인(罪人)의 사지(四肢) 마디마디
활활 타오르는 맹렬(猛烈)한 불꽃이 나오고
다시 또 무쇠 갈까마귀가 있어서 덤벼들어 쇠로된 부리로 살점을 쪼아 먹고
혹(或)은 구리로 된 개 동구(銅狗)가

咬嚙其身 牛頭獄卒 手執兵具 發大怒聲 如雷霹靂 汝
固殺胎

구리 이빨로 몸을 물어뜯어 먹는는데
소의 머리를 한 우두(牛頭) 옥졸(獄卒)이
손에 무기(武器)를 잡고 겨누며
노발대발(怒發大發) 뇌성벽력(雷聲霹靂) 치듯 고래고래 큰 소리로
네가 태아(胎兒)를 독살(毒殺)하여서

當受此苦 我若妄說 不名爲佛 爾時 顚倒女人
당수차고 아약망설 불명위불 이시 전도여인

마땅히 이러한 고통(苦痛)을 받는 것이라 할 것이다
보광여래(寶光如來)께서 이와 같이 말씀하시고는
나의 이 말이 만약에 거짓 망설(妄說)이라면 나를 부처라고 부르지 마라 하셨다

⑤ 爾時 顚倒女人 聞佛說已 悲咽躄地 漸得蘇息
이시 전도여인 문불설이 비인벽지 점득소식

그 때에 전도여인(顚倒女人)은 부처님의 말씀을 듣고
너무 슬퍼서 목이 메어 혼절(昏絶)하여 땅바닥에 쓰러졌다가

四九

차츰차츰 소생(蘇生)되어 일어나

重白佛言 世尊 唯我一人 受斯苦痛 爲復一切衆生 皆
受此苦

보광여래(寶光如來)부처님께 다시 여쭙기를
세존(世尊)이시여
저 하나만 이러한 고통(苦痛)을 받게 되는 것입니까?
일체(一切) 중생(衆生)들이 모두 이러한 고통을 받는 것입니까?

寶光如來 告顚倒言 汝子在胎 人形具足 在生熟二藏
猶如地獄 兩石壓身

보광여래(寶光如來)부처님께서
전도여인(顚倒女人)에게 고(告)하여 말씀하시기를

母若熱食 如熱地獄 母殤冷食 如冷地獄 終日苦痛 在
모약열식 여열지옥 모손냉식 여냉지옥 종일고통 재
無明中 汝更惡心
무명중 여갱악심

네가 자식(子息)을 태중(胎中)에 품고 있을 때에
태아(胎兒)가 사람의 모양을 모두 갖추게 되면
생장(生藏)과 숙장(熟藏)이라는 이장(二藏)이 있게 되는데
이는 비유하자면
지옥(地獄)에서 커다란 돌덩이 두 개가
양쪽에서 전신(全身)을 짓누르고 있는 것과도 같고
어머니가 뜨거운 음식(飮食)을 먹으면
태아(胎兒)는 열탕지옥(熱湯地獄)에 있는 것과도 같고
어머니가 차거운 음식(飮食)을 먹으면
태아(胎兒)는 한빙지옥(寒氷地獄)에 있는 것과 같아서
하루 종일(終日) 무명(無明) 속에서 고통(苦痛)을 받게 되는 것인데
너는 거기에다가 독(毒)한 마음을 품고

固服毒藥 汝此惡業 自墮阿鼻地獄 罪人 是汝儔侶 顚
倒女人 悲號重白

고의적(故意的)으로 독약(毒藥)까지 먹었으니
네가 지은 너의 이러한 나쁜 악업(惡業)은
아비지옥(阿鼻地獄)에 떨어지는 것은 너무나도 자명(自明)한 일로
지옥(地獄)에 있는 죄인(罪人)들은
모두 바로 너와 같은 죄(罪)를 지은 무리들인 것이다
전도여인(顚倒女人)이
슬피 부르짖으며 다시 부처님께 여쭈었다

我聞智者 說如是言 若造諸惡 顚佛及僧 懺悔 卽滅設
所命終 入諸地獄

제가 그 전(前)에 지자(智者)에게서 이와 같이 설명(說明)하는 말을 들었습니다

小福者 還得生天 於意云何 願爲我說 寶光正見如來
소복자 환득생천 어의운하 원위아설 보광정견여래

告顚倒言 若有衆生
고전도언 약유중생

사람이 아무리 온갖 죄악(罪惡)을 저질렀더라도
부처님이나 스님에게 엎어지듯 매달려 참회(懺悔)하면
죄(罪)가 없어지고
설사(設使) 목숨을 마치고 어떠한 지옥(地獄)에 들어간다 하더라도
조그마한 복(福)이라도 있다면 천상(天上)으로 환생(還生)한다고 하였는데
이 말은 무슨 뜻인지요?
원(願)하옵건대 저를 위하여 설(說)하여 주소서
보광정견여래(寶光正見如來)께서
전도여인(顚倒女人)에게 고(告)하여 말씀하시기를
만약 어떤 중생(衆生)이

造諸重罪 遇佛及僧 至誠懺悔 不更復作 罪得消滅 設
조제중죄 우불급승 지성참회 불갱복작 죄득소멸 설

所命終 閻摩羅法王
소명종 염마라법왕

온갖 죄(罪)를 저질렀더라도
부처님이나 스님을 만나 지성으로 참회(懺悔)하고 두 번 다시 짓지 아니하면
지은 죄(罪)는 없어지고
설사(設使) 명(命)을 마쳤을지라도 염라대왕(閻羅大王)이

推問未定 亡者 生存六親眷屬 請佛迎僧 七日之內 轉
추문미정 망자 생존육친권속 청불영승 칠일지내 전

讀大乘方等經典
독대승방등경전

지은 죄(罪)를 추궁(追窮)하여 형벌(刑罰)을 정(定)하지 못할 뿐만 아니라
죽은 망자(亡者)가 살았을 때의
생전(生前) 부모(父母) 형제(兄弟) 처자(妻子)나 권속(眷屬)들이
부처님을 청(請)하고 스님을 모셔다가
칠일(七日)안에 대승방등경전(大乘方等經典)을 계속 독송(讀誦)하며

燒香散花 當有冥使 檢覆善惡 持五色神幡 來至王所
소향산화 당유명사 검복선악 지오색신번 래지왕소

其幡前後 歌詠讚嘆
기번전후 가영찬탄

향불을 올리고 꽃을 뿌리며 부처님께 공양(供養)을 올리면
저승에 있는 명부사자(冥府使者)가
이리저리 뒤적거리며 선악(善惡)을 감찰(監察)할 적에
오색신번(五色神幡)을 가지고 염라대왕(閻羅大王) 앞에 이르러서는
그 신번(神幡) 전후(前後)에서 노래를 부르며 찬탄(讚嘆)하기를

出微妙聲 柔和善順 報閻王言 此人積善 或有亡者 七
출미묘성 유화선순 보염왕언 차인적선 혹유망자 칠

日之內 信邪倒見
일지내 신사도견

아름답고 고운 음성(音聲)을 내어 연하고 부드럽고 온화(溫和)한 모습으로
염라대왕(閻羅大王)께 보고(報告) 말씀을 올리기를

이 사람은 적선(積善)을 한 착한 사람이라 할 것이다

그러나

혹(或) 어떤 망자(亡者)는

사람이 죽은지 칠일(七日)도 안 되었는데

육친(六親)이나 권속(眷屬)들이 아래위가 뒤집어진 삿된 소견(所見)을 가지고

不信佛法大乘經典 無慈孝心 無慈悲心 當有冥使 持
불신불법대승경전 무자효심 무자비심 당유명사 지

一黑幡 其幡前後
일흑번 기번전후

불법(佛法)이나 대승경전(大乘經典)도 불신(不信)할 뿐만 아니라

자애(慈愛)와 효심(孝心)도 없고 자비심(慈悲心)도 없어서

저승에 있는 명부사자(冥府使者)가

색깔이 시커먼 흑번(黑幡) 하나를 잡고 그 흑번(黑幡) 전후(前後)에서

有無量惡鬼 報閻王言 此人積惡 爾時閻羅法王 見五
유무량악귀 보염왕언 차인적악 이시염라법왕 견오

色幡 至心大歡喜
색번 지심대환희

수도 없이 많은 무량(無量)한 악귀(惡鬼)들이
염라대왕(閻羅大王)에게 보고(報告)를 올리기를
이 사람은 나쁜 짓만 하여 악(惡)만 쌓인 사람이라 할 것이다
그 때에
염라법왕(閻羅法王)이 오색신번(五色神幡)을 보면
지극한 마음으로 크게 환희(歡喜)하며

高聲唱言 願我罪身 亦同汝善 當此之時 諸地獄中 變
고성창언 원아죄신 역동여선 당차지시 제지옥중 변
爲淸泉 刀山劍樹 如蓮華生
위청천 도산검수 여련화생

큰 소리로 외쳐 말하기를,

원(願)하건대
나의 죄(罪) 많은 이 몸도
그대가 쌓은 적선(積善)과 똑같다면
지금 이곳의
모든 지옥(地獄)이

一切罪人 咸受快樂 若見黑幡 閻王 瞋怒 惡聲震烈 則
將罪人 付十八獄

모든 죄인(罪人)들이
다 함께 쾌락(快樂)을 받기를 비노라!
하지만
색깔이 시커먼 흑번(黑幡)을 보게 되면、
염라대왕(閻羅大王)은 성을 내며 진노(震怒)하면서
나쁜 소리로 우레같이 고함치기를
이 죄인(罪人)을 잡아다가

변(變)하여 맑은 샘물이 되고
칼산지옥과 검수지옥도 변(變)하여
도산(刀山)마다 검수(劍樹)마다
련화(蓮華) 꽃이 만발(滿發)하고

십팔지옥(十八地獄)에 부칠진대

或上劍樹 或刀山中 或臥鐵床 或抱銅柱 牛犁拔舌 碓
혹상검수 혹도산중 혹와철상 혹포동주 우리발설 대
擣磑磨
도애마

혹(或)은
날카로운 검(劍)이 숲을 이루고 있는 검수지옥(劍樹地獄)에 오르게도 하고
혹(或)은
날카로운 칼끝이 산(山)을 이루고 있는 도산지옥(刀山地獄)에 집어넣기도 하고
혹(或)은
무쇠평상으로 된 철상(鐵床)에 눕게도 하고
혹(或)은
구리 기둥을 끌어안게도 하며
혓바닥을 뽑아 늘려 소(牛)가 밭처럼 갈게 하며
방아로 찧고 맷돌로 갈아서

一日之中 萬死萬生 乃至展轉 墮阿鼻獄 受大苦惱 從
劫至劫 無有休息 所言未訖

하루에도 만 번 죽이고 만 번 살려내기를 번갈아가며 하다가
아비지옥(阿鼻地獄)에 집어 던져서 극심(極甚)한 고통(苦痛)을 받기를
무량(無量)한 시간(時間)이 끝날 때까지 잠시라도 쉬지 못하게 하라, 할 것이다
보광여래(寶光如來) 부처님의 말씀이 채 끝나지도 않았는데

6
爾時 空中 有大惡聲 換言 顚到女人 汝固殺胎
受短命報

그 때에 공중(空中)에서
험악(險惡)한 목소리가 바뀌어 들리기를,
전도여인(顚到女人)아
네가 고의적으로 태중(胎中)에 있는 아가를 독살(毒殺)하였는데

六〇

이제 그 단명보(短命報)의 죄(罪)를 받을 때가 되었다

我是鬼使 故來追汝 顚倒女人 驚愕悲泣 抱如來足 唯
아시귀사 고래추여 전도여인 경악비읍 포여래족 유

願世尊
원세존

나는 바로 저승사자 귀사(鬼使)인데

때가 되어 너를 추격(追擊)하여 잡으러 왔다

저승사자의

고함 소리를 들은 전도여인(顚到女人)은

까무라칠 정도로 경악(驚愕)하다가 슬피 울며

보광여래(寶光如來)부처님의 다리를 부여잡고 매달리며

오직 바라나이다 세존(世尊)이시여

爲我廣說諸佛法藏 滅罪因緣 死當願畢
위아광설제불법장 멸죄인연 사당원필

저를 위(爲)하여

7

爾時 寶光正見如來 以佛威力 報鬼使言
이시 보광정견여래 이불위력 보귀사언

모든 부처님의 법장(法藏)인 멸죄인연(滅罪因緣)을
널리 설(說)하여 주소서
제가 죽음으로서 원(願)을 마칠까 하나이다

그 때에
보광정견여래(寶光正見如來)께서
부처님의 신통력(神通力)으로
저승사자인 귀사(鬼使)를 보고 말씀하시기를

無常殺鬼 我今現欲爲顚倒女 說長壽命滅罪經 且待須
무상살귀 아금현욕위전도녀 설장수명멸죄경 차대수

臾 自當有證
유 자당유증

무상살귀(無常殺鬼)여

汝當諦聽　我當爲汝　依過去千佛　說諸佛秘法長壽明經
여당체청　아당위여　의과거천불　설제불비법장수명경

令遣汝等　遠離惡道
령견여등　원리악도

顚倒　當知　此無常殺鬼　情求離脫　縱有無量百千金銀
전도　당지　차무상살귀　정구이탈　종유무량백천금은

내가 지금 현재 전도여인(顚到女人)을 위하여

장수명멸죄경(長壽命滅罪經)을 설(說)하려 하니 잠시만 기다리도록 하라

내 스스로 마땅히 증명(證明)해 보일 것이다

그대 귀사(鬼使)는 자세히 잘 들어라

내가 그대를 위(爲)하여

지나간 과거세(過去世)에 세상(世上)을 다녀가신

천불(千佛) 부처님들의 비법(秘法)인 장수명경(長壽明經)을 설(說)하여

명령(命令)을 받들고 추격(追擊)하여 온 그대들도

악도(惡道)를 멀리 벗어날 수 있도록 하겠다

瑠璃 硨磲 赤珠 瑪瑙
유리 차거 적주 마노

전도여인(顚到女人)아 마땅히 알아라

저승사자인 이 무상살귀(無常殺鬼)의 손아귀를 벗어나려고

인정사정을 다해 빌며 애걸복걸하여도 소용없고

수(數)도 없이 많은 한량(限量)없는 백천(百千)의

금(金) 은(銀) 유리(琉璃) 차거(硨磲) 붉은 구슬과 마노(瑪瑙)와 같은

금은보석(金銀寶石)을 바치면서 살려달라고 하며

而將贖命 無能得免 縱使國王 王子 大臣 長者 恃其勢
이장 속명 무능득면 종사국왕 왕자 대신 장자 시기세

力無常鬼至
력 무상귀지

국왕(國王) 왕자(王子) 대신(大臣) 장자(長者)가

또한

생명(生命)을 구(求)하려 하여도 죽음을 면(免)하지 못할 것이다

六四

斷其寶命 無一能免 顚倒 當知 唯佛一字 能免斯苦 顚
倒世有二人 甚爲希有

자기 세력(勢力)을 아무리 과시(誇示)하며,

무상살귀(無常殺鬼)가 다가와서

자기의 목숨을 절단(切斷)내려 할 때

어느 누구도 무상살귀(無常殺鬼)와 맞서서 죽음을 면(免)할 수가 없을 것이다

전도여인(顚到女人)아 마땅히 알아라

오로지

부처님이라는 ◉불(佛)◉―이 한 글자만이

능(能)히

무상(無常) 타파(打破)나

지옥(地獄) 고통(苦痛)을 면(免)하게 해줄 수 있을 것이다

전도여인(顚到女人)아

세상(世上)에는
두 사람이 있는데
참으로 희유(希有)한 일이 아닐 수 없다

如優曇花甚爲希有 難可値遇 一者 不行惡法 二者 有
罪即能懺悔 如是之人

이는 삼천년 만에
한 번만 꽃을 피우는 우담바라(優曇波羅)꽃과 같아서
참으로 만나기 어려운 사람을 말하는데

첫 번째 사람인 일자(一者)는
악법(惡法)을 행(行)하지 않는 사람이고
두 번째 사람인 이자(二者)는
죄(罪)가 있는 것을 능(能)히 참회(懺悔)하는, ― 이와 같은 사람이다

如能至心 於我 懺悔 我當爲汝 說長壽經 令汝 得免無
여능지심 어아 참회 아당위여 설장수경 령여 득면무
常鬼苦
상귀고

이와 같이 지극(至極)한 마음으로 나에게 참회(懺悔)하면
내가 그대를 위(爲)해 장수경(長壽經)을 설(說)하여
그대가 무상귀사(無常鬼使)에게 끌려가는 고통(苦痛)을 면(免)하도록 해줄 것이다

❽ 顚倒 當知 未來世中五濁亂時 若有衆生 造諸重罪
전도 당지 미래세중오탁란시 약유중생 조제중죄

전도여인(顚到女人)아 마땅히 알아라
앞으로 오는 미래세(未來世)에、
1。 시대가 더러워져
기근(饑饉)과 질병(疾病)과 전쟁(戰爭)과 소요(騷擾)와 같은
사회악(社會惡)이 난무(亂舞)하는 겁탁(劫濁)과
2。 사악(邪惡)한 사상(思想)과 삿된 견해(見解)가 무성(茂盛)한 견탁(見濁)과

3. 탐욕(貪慾)과 진에(瞋恚)가 뒤엉켜
여러 가지 정신적 악덕(惡德)이 썩어 흘러넘치는 번뇌탁(煩惱濁)과

4. 심신(心身)의 자질(資質)이 땅에 떨어져
몸이나 마음이나 모두 타락(墮落)하는 중생탁(衆生濁·有情濁)과

5. 비명횡사(非命橫死)하거나
이유를 알 수 없이 영문도 모르게 요절(夭折)하는 명탁(命濁·壽濁)의
다섯 가지의 부정(不淨)으로 가득 차는
오탁악세(五濁惡世)의 세상(世上)이 와서

모든 중생(衆生)들이 온갖 죄(罪)를 저지르게 될 때

殺父害母 毒藥殺胎 破塔壞寺 出佛身血 破和合僧 如
살부해모 독약살태 파탑괴사 출불신혈 파화합승 여
是等罪 五逆衆生
시등죄 오역중생

① 아버지를 죽이고 어머니를 해(害)치며
② 뱃속에 있는 태아(胎兒)를 독살(毒殺)하며
③ 탑(塔)을 파괴(破壞)하고 사찰(寺刹)을 허물어 버리고

④ 불상(佛像)을 깨트리거나 부처님의 몸에 피를 나게 하고
⑤ 승단(僧團)을 깨트려 아수라장(阿修羅場)을 만들거나 하여
도저히 용서(容恕) 받을 수 없는
오역죄(五逆罪)를 저지른 오역중생(五逆衆生)이라 할지라도

若能受持此長壽經 書寫讀誦 若自書 若遣人書 猶尙
약능수지차장수경 서사독송 약자서 약견인서 유상
罪滅 得生梵天
죄멸 득생범천

만약(萬若)에
이 장수경(長壽經)을 수지(受持)할 수 있다면
베껴서 독송(讀誦)하거나
만약(萬若)에 자기 스스로 쓰거나
만약(萬若)에 남을 시켜 쓰게 하여도
오히려
그 모든 죄(罪)가 소멸(消滅)되고
하늘나라 범천(梵天)에 왕생(往生)할 수 있는데

何況汝今 親得見我 善哉 顚倒 汝於無量曠劫 種諸善根
하황여금 친득견아 선재 전도 여어무량광겁 종제선근

하물며
그대는 지금
직접 바로 눈앞에서 나를 만나게 되었으니 참으로 선재(善哉)로다!
전도여인(顚到女人)아
그대는 시작(始作)조차 알 수 없는 먼 옛날에서부터
온갖 가지가지 선근(善根)을 심고

我今因汝 善問慇懃懺悔 卽得轉于無上法輪 能度無邊
아금인여 선문은근참회 즉득전우무상법륜 능도무변

生死大海 能與波旬 共戰
생사대해 능여파순 공전

내가 이제
그대가 물은 아주 좋은 질문(質問)과
그대의 정성(精誠)에 사무친 참회(懺悔) 때문에

能摧波旬所立勝幢 汝當諦聽 我當依過去諸佛說 十二
능최파순소립승당 여당체청 아당의과거제불설 십이
因緣法
인연법

곧바로 무상법륜(無上法輪)을 굴리게 되어

무변(無邊)한 생사대해(生死大海)를 떠도는

한량없는 중생(衆生)들이 제도(濟度)를 받을 수 있게 되었고

마왕(魔王) 파순(波旬)과도 한바탕 대적(對敵)하며 전쟁(戰爭)을 벌여도

그대는 마땅히 자세(仔細)히 들어라

파순(波旬)이 세운 승당(勝幢)을 꺾어버릴 수 있게 되었다

내가

과거(過去) 지나간 세상(世上)에

모든 부처님들께서 설(說)하셨던

십이인연법(十二因緣法)에 관하여 이야기하고자 한다

無明緣行 行緣識 識緣名色 名色緣六入 六入緣觸 觸
緣受

受緣愛 愛緣取 取緣有 有緣生 生緣老死憂悲苦惱 無
明滅卽行滅

무명(無明)은 행(行)의 인연(因緣)을 생기게 하였고
행(行)은 식(識)의 인연(因緣)을 생기게 하였고
식(識)은 명색(名色)의 인연(因緣)을 생기게 하였고
명색(名色)은 육입(六入)의 인연(因緣)을 생기게 하였고
육입(六入)은 촉(觸)의 인연(因緣)을 생기게 하였고
촉(觸)은 수(受)의 인연(因緣)을 생기게 하였고

수(受)는 애(愛)의 인연(因緣)을 생기게 하였고
애(愛)는 취(取)의 인연(因緣)을 생기게 하였고
취(取)는 유(有)의 인연(因緣)을 생기게 하였고

유(有)는 생(生)의 인연(因緣)을 생기게 하였고

생(生)은 로사우비고뇌(老死憂悲苦惱)의 인연(因緣)을 생기게 하였기 때문에

무명(無明)이 소멸(消滅)되면 행(行)이 소멸(消滅)되고

行滅卽識滅　識滅卽名色滅　名色滅卽六入滅　六入滅卽

觸滅　觸滅卽受滅

행(行)이 소멸(消滅)되면 식(識)이 소멸(消滅)되고

식(識)이 소멸(消滅)되면 명색(名色)이 소멸(消滅)되고

명색(名色)이 소멸(消滅)되면 육입(六入)이 소멸(消滅)되고

육입(六入)이 소멸(消滅)되면 촉(觸)이 소멸(消滅)되고

촉(觸)이 소멸(消滅)되면 수(受)가 소멸(消滅)되고

受滅卽愛滅　愛滅卽取滅　取滅卽有滅　有滅卽生滅　生滅

卽老死憂悲苦惱滅

顛倒 當知 一切衆生 不能見於下十二因緣 是故 輪轉
생사고취
生死苦趣

수(受)가 소멸(消滅)되면 애(愛)가 소멸(消滅)되고
애(愛)가 소멸(消滅)되면 취(取)가 소멸(消滅)되고
취(取)가 소멸(消滅)되면 유(有)가 소멸(消滅)되고
유(有)가 소멸(消滅)되면 생(生)이 소멸(消滅)되고
생(生)이 소멸(消滅)되면 로사우비고뇌(老死憂悲苦惱)도 소멸(消滅)될 것이다

전도여인(顚到女人)아 마땅히 알아라
일체(一切) 모든 중생(衆生)들은
십이인연(十二因緣)이라는 것이 무엇인지 살펴볼 수 없기 때문에
윤회(輪廻)에 떨어져 육도(六道)를 전전(轉轉)하며
생사(生死)의 고통(苦痛)을 받게 되는 것이다

若有人 見十二因緣者 卽是見法 見法者 卽是見佛 見

佛_불者_자 卽_즉是_시佛_불性_성 何_하以_이故_고

만약(萬若)에 어떤 사람이,

십이인연(十二因緣)을 보는 사람이라면
그는 십이인연(十二因緣)이 곧 법(法)임을 보는 사람이며

법(法)을 보는 사람이라면
그는 법(法)이 곧 부처님임을 보는 사람이며

부처님을 보는 사람이라면
그는 부처님이 바로 부처님의 불성(佛性)임을 알 것이다
어찌하여 그러한가?

一_일切_체諸_제佛_불 以_이此_차 爲_위性_성 汝_여今_금得_득聞_문我_아說_설此_차十_십二_이因_인緣_연 汝_여今_금
以_이得_득佛_불性_성 淸_청淨_정 堪_감爲_위法_법器_기

일체(一切) 모든 부처님은
이 불성(佛性)으로서 성품(性品)을 삼기 때문이다

그대가 이제 내가 설(說)하는
십이인연법(十二因緣法)에 관하여 들었으므로
그대는 이제 불성(佛性)을 얻어 청정(淸淨)한 법기(法器)가 된 것이다

我當爲汝 說一實道 汝當思惟 守護一念 一念者 謂菩
아당위여 설일실도 여당사유 수호일념 일념자 위보
提心 菩提心者 名曰大乘
리심 보리심자 명왈대승

내가 마땅히 묘체(妙諦)의 알맹이인 일실도(一實道)를 설(說)하였으니
그대는 마땅히 사유(思惟)하기를
일념(一念)으로 한결같이 수호(守護)하여라
금강(金剛)같이 단단한 한 덩어리 일념(一念)을 보리심(菩提心)이라 하는데
이 보리심(菩提心)을 대승(大乘)이라고 부르는 것이다

諸佛菩薩 爲衆生苦 分別說三 汝當念念常勤 守護是
菩提心 勿令亡失

모든 불보살(佛菩薩)께서는 중생(衆生)들이 받는 고통(苦痛)을 생각하고
이 법(法)을 삼승(三乘)으로 분별(分別)하여 설(說)하시는 것이니
그대는 마땅히 념념(念念)마다 항상 사무치는 지성(至誠)으로
이 보리심(菩提心)을 수호(守護)하여
조금이라도 망실(亡失)되는 일이 없도록 하여라

縱有五陰四蛇 三毒六賊 一切諸魔 來所侵嬈 終不能變
是菩提心

오음(五陰)인 색수상행식(色受想行識)이 온갖 망상(妄想)을 일으켜대고
사사(四蛇)인 지수화풍(地水火風)이 실체 없는 몸을 만들어 온갖 향락으로 홀리고

因獲如是菩提心故 身如金剛 心如虛空 難可沮壞 因
不壞故

삼독(三毒)인 탐진치(貪瞋癡)가 뿌리로 박혀 온갖 악행(惡行)을 만들어대고
육적(六賊)인 안이비설신의(眼耳鼻舌身意)가 온갖 악업(惡業)을 짓게 만들고
일체(一切) 모든 마장(魔障)들이
온몸을 에워싸며 만개의 창칼을 들이대며 달려들어도
끝끝내 눈썹하나 끄떡하지 아니 한다면
그러한 것이 바로 보리심(菩提心)인 것이다

이러한 보리심(菩提心)을 획득(獲得)했다면
몸은 금강(金剛)과 같고
마음은 허공(虛空)과 같아서

그 어느 것이라도 가로막거나 때려 부술 수가 없으므로
때려 부술 수가 없을 것이다

即得阿耨多羅三藐三菩提

아누다라삼막삼보리(阿耨多羅三藐三菩提)를 얻었다 할 것이고

因得阿耨多羅三藐三菩提故 常樂我淨 具足而有

아누다라삼막삼보리(阿耨多羅三藐三菩提)를 얻게 되면 상락아정(常樂我淨)을 구족(具足)할 것이고

即能遠離此無常殺鬼 生 老 病 死 諸地獄苦

곧 능(能)히 무상살귀(無常殺鬼)를 막아내고 생로병사(生老病死)와 모든 지옥고통(地獄苦痛)을 멀리 떼어내 버릴 수 있는 것이다

佛於大衆中 說是法時 虛空鬼使 作如是言 我聞世尊
說是法要

보광정견여래(寶光正見如來)부처님께서 대중(大衆)들에게
이와같이 법(法)을 설(說)하실 때에
전도여인(顚倒女人)을 잡으러 왔던
염라국(閻羅國)의 귀사(鬼使)가 허공(虛空)에서 이와 같이 말하였다
제가 세존(世尊)께서 말씀하신 법요(法要)를 들으니

地獄 淸淨 爲蓮華池 我今現捨鬼境界 鬼復言顚倒 汝
得道時 願見濟度

지옥(地獄)이 청정(淸淨)해지고 부처님 연꽃연못이 되었나이다
제가 이제 귀신(鬼神)노릇하던 귀신세상(鬼神世上)을 버리겠나이다

염라국(閻羅國)의 귀사(鬼使)가 전도여인(顚倒女人)에게 말하였다
당신이 도(道)를 깨닫게 되면
원(願)하건대 부디 제도(濟度)하여 주시오

⑨ 爾時 寶光正見如來 復告顚倒 我已爲汝 說十二
이시 보광정견여래 부고전도 아이위여 설십이
因緣竟 更爲汝說六波羅蜜
인연경 갱위여설육파라밀

그 때에 보광정견여래(寶光正見如來)부처님께서
다시 전도여인(顚倒女人)에게 고(告)하셨다
내가 이미 십이인연(十二因緣)에 관하여는 말을 마쳤는데
다시 그대에게 육파라밀(六波羅蜜)에 대하여 설(說)하겠다

汝當受持般若波羅蜜 禪波羅蜜 毗梨耶波羅蜜 羼提波
여당수지반야파라밀 선파라밀 비리야파라밀 찬제파
羅蜜 尸波羅蜜 檀波羅蜜
라밀 시파라밀 단파라밀

그대는 마땅히 받아 가질지니、

첫째가 반야바라밀(般若波羅蜜)로 지혜(智慧)의 완성(完成)을 의미하며
둘째가 선바라밀(禪波羅蜜)로 선정(禪定)의 완성(完成)을 의미하며
셋째가 비리야바라밀(毗梨耶波羅蜜)로 정진(精進)의 완성(完成)을 의미하며
넷째가 찬제바라밀로(羼提波羅蜜)로 인욕(忍辱)의 완성(完成)을 의미하며
다섯째가 시바라밀(尸波羅蜜)로 지계(持戒)의 완성(完成)을 의미하며
여섯째가 단바라밀(檀波羅蜜)로 보시(布施)의 완성(完成)을 의미한다

此六波羅蜜 汝當受持 復次爲汝 說過去諸佛 成佛之偈
차육파라밀 여당수지 부차위여 설과거제불 성불지게
而說偈言
이설게언

이를 육파라밀(六波羅蜜)이라고 하는데 그대는 마땅히 받아 지니라
다시 또 그대를 위하여
지나간 과거세(過去世)에 다녀가신 모든 부처님들이 설(說)하셨던
성불(成佛)의 게송(偈頌)을 게(偈)로서 설(說)하겠다

諸行無常 제행무상
남기는 온갖 흔적 모두 다 덧없어라

是生滅法 시생멸법
그것은 모두 생멸법(生滅法) 속에 있다네

生滅滅已 생멸멸이
생겨났다가 사라지는 것을 모두 없애 버리면

寂滅爲樂 적멸위락
적멸(寂滅)이 바로 락(樂)인 것을!

爾時 顚倒女人 聞法歡喜 心豁明淨 了了而悟 以佛神力 昇於虛空

그 때에 전도여인(顚倒女人)은 부처님의 법(法)을 듣고 환희(歡喜)하여 마음이 환하게 열려 밝고도 깨끗해져서 아무것도 걸리는 바 없이 깨침을 마치고 부처님의 신통력(神通力)으로 허공(虛空)에

高七多羅樹 安心靜坐

칠다라수(七多羅樹) 나무 높이로 올라 편안(便安)한 마음으로 고요히 앉아있었다.

⑩ 爾時 有一大姓波羅門 家中巨富 高無與等者 忽患重病

그 때에
한 대성(大姓)바지의 바라문(波羅門)이 있어
집안이 엄청난 부자(富者)로
그와 겨룰만한 사람이 없었는데
갑자기 중병(重病)에 걸려

瞖人瞻之 須人眼睛 合藥療愈 時 大長者 卽令僮僕 行 於衢路 大聲唱言

의사(醫師)를 불렀더니 의사(醫師)가 보고는
이 병(病)에는 다른 약(藥)은 없고
모름지기 사람의 눈동자를 약(藥)과 섞어서 치료(治療)해야만 낫는다고 하였다
이에 그 말을 들은 바라문(波羅門)인 대장자(大長者)는
즉시 나이 어린 하인(僮僕)을 시켜
사람들이 많이 다니는 사거리에서 큰 소리로 외치게 하였다

誰能忍痛 賣雙眼睛 當與千金庫藏 珍寶 任意所須 終
不悋惜

누가 능(能)히 고통(苦痛)을 참고 두 눈동자를 팔지 않겠는가?
마땅히 천금(千金)은 주겠지만
창고(倉庫)에 또한 진기(珍奇)한 보물(寶物)도 잔뜩 있는데
가져가고 싶은 대로 마음껏 가져가도 절대로 아깝다고 하지 않을 것이다

顛倒女人 聞此語已 心大歡喜 而自念言 我今從佛 聞
長壽經 滅除惡業心已

전도여인(顛倒女人)이 이 말을 듣고는
마음속에 크게 환희(歡喜)가 일어나 스스로 생각하기를
나는 지금 부처님으로부터 장수경(長壽經)을 들었고
나쁜 악업(惡業)을 이미 없애버렸으며

了悟諸佛性 又得遠離無常殺鬼 諸地獄苦 我當碎身
료오제불성 우득원리무상살귀 제지옥고 아당쇄신

報佛慈恩
보불자은

모든 부처님들의 불성(佛性)도 완전히 깨달았고

또한

무상살귀(無常殺鬼)와 모든 지옥고통(地獄苦痛)도 떼어내 버렸다

나는 마땅히 분골쇄신(粉骨碎身)해서라도

자비(慈悲)로운 은공(恩功)을 갚아야 하겠다 하고는

高聲唱言 我今年至四十九歲 從佛聞法 名長壽經 今欲
고성창언 아금년지사십구세 종불문법 명장수경 금욕

碎身 不惜軀命
쇄신 불석구명

큰 소리로 외쳐 말하기를,

내 나이 지금 마흔아홉 살이 되었는데

부처님께 법(法)을 들으니 장수경(長壽經)이라 한다

내 이제 몸을 가루 내고자 하니
몸뚱아리에 붙어 있는 목숨 따윈 아까울 것도 없다

寫長壽經四十九卷 欲令一切衆生 受持讀誦 我須賣眼
사장수경사십구권 욕령일체중생 수지독송 아수매안

將寫此經
장사차경

장수경(寫長壽)을 마흔아홉 권(卷)을 사경(寫經)하여
일체중생(一切衆生)들이
수지독송(受持讀誦)할 수 있도록
내가 나의 두 눈동자를 팔아서 이 경(經)을 사경(寫經)하겠다

我眼 無價 任汝與 直時 天帝釋 化作四十九人 至顚倒
아안 무가 임여여 직시 천제석 화작사십구인 지전도

所我願爲汝
소아원위여

내 눈동자는 매겨진 가격(價格)이 없으니 그대가 주는 대로 받겠다

書寫是經 今汝見已 當任賣眼 時 顚倒女 慶幸無量 削
骨爲筆 身肉支解 以血 爲墨

이때
제석천왕(帝釋天王)이
곧바로
제석천인(天帝釋人)
마흔 아홉 사람을 변화(變化)시켜
전도여인(顚倒女人)에게 보내 말하기를
우리가 당신을 위하여
이 경(經)을 베껴 줄 것이니
사경(寫經)한 경(經)은 당신이 직접 눈으로 보고
마땅히 두 눈동자를 팔라 하였다
이때 이 말을 들은 전도여인(顚倒女人)은
이것이야말로 자기가 한없는 축복(祝福)을 받은 일이라 말하면서
뼈를 깎아 붓을 만들고 살을 발라 나온 피로 먹물을 삼아

供給書人 於七日中 書寫經竟 諸人 寫已
白顚倒言 向來所許

사람들에게 공급(供給)할 수 있도록 경(經)을 쓰게 하니
칠일(七日)이 되어서야
마흔아홉 권(卷)의 장수경(寫長壽) 쓰는 것을 비로소 마치게 되었다
모든 사람들이 경(經)을 쓰는 것을 마치고는 전도여인(顚倒女人)에게 말하였다
우리가 당신에게 와서
경(經)을 쓰는 것을 보고 두 눈동자를 팔라고 하였는데

兩眼睛時 我等功畢 願付我等 持賣與婆羅門 爾時顚
倒卽 命陁旎羅者

이제 두 눈동자를 주시오
우리들도 할 일을 다 마쳤습니다

汝可爲我 剜出眼睛 當令四十九人 分汝一分 時 旃陀
羅 依法欲剜 四十九人

여가위아 완출안정 당령사십구인 분여일분 시 전타
라 의법욕완 사십구인

우리들이 눈동자를 가지고 가서 바라문(波羅門)에게 팔겠습니다

이때
전도여인(顚倒女人)이
백정(白丁)인 전다라(旃陀羅)에게 명(命)하기를
네가 나를 위(爲)하여
나의 눈동자를 도려내서
마땅히 마흔아홉 분에게 골고루 일분(一分)씩 나눠드리도록 하여라
이 때에
전다라(旃陀羅)가
순서(順序)에 따라 눈동자를 도려내려 할 때에

齊唱言 希有希有 不可思議 此顚倒女 削骨出血 瘡穢
能忍 不惜身命

사십구인(四十九人)은 다 같이 입을 모아 말하기를
참으로 희유(希有)하고 희유(希有)하도다
도저히 사의(思議)조차 할 수 없는 일이로다
전도여인(顚倒女人)이
뼈를 깎고 피를 내고 상처까지 냈는데도
능히 참고 몸과 목숨까지도 아끼지 아니하며

書寫此經 我等 云何而取眼睛 以慈悲心 白顚倒女言
我等 終不貪汝眼

이 경(經)을 쓰게까지 하였는데

우리들이 어떻게 눈동자를 손에 넣겠는가?

그리고는

자비심(慈悲心)으로 전도여인(顚倒女人)에게 말하였다

우리들은 당신의 눈동자를 욕심(慾心)내서

賣波羅門 願汝得道 當濟度我 唯願我等 在在處處 當來生
매파라문 원여득도 당제도아 유원아등 재재처처 당래생

당신의 눈동자를 가지고 가서 바라문(波羅門)에게 팔지 않겠소

원(願)하건대

당신이 언젠가 득도(得道)하게 되면

마땅히 우리들을 제도(濟度)하여 주시오

그리고

다만 원(願)하건대 우리들은

당신 전도여인(顚倒女人)이 있는 곳곳마다, 태어나는 생생(生生)마다,

常得與汝 共同一處 作善知識 宜說是經 救渡一切罪
苦眾生

항상 당신과 함께 하기를
한 장소(場所)에서 함께 하기를
선지식(善知識)이 되어 함께 주기를
마땅히 이 경(經)을 설(說)해 주기를
죄(罪)와 고통(苦痛)에 빠져있는
일체중생(一切衆生)을 구원(救援)해 주기를 빌겠소

⑪ 爾時 難陁龍王等 以大威力 作諸幻術 盜顚倒經
於龍宮中 受持供養 時

그 때 난타용왕(難陁龍王)등이
대위력(大威力)으로 온갖 환술(幻術)을 부려 전도경(顚倒經)을 훔쳐다가

용궁(龍宮)에 모셔놓고 공양(供養)을 올리고 있는 때에

顚倒女 於須臾頃 忽不見經 流涙哽 咽而白佛言 世尊
전도녀 어수유경 홀불견경 류루경 인이백불언 세존

我所碎身 寫長壽經
아소쇄신 사장수경

전도녀(顚倒女)는 눈 깜짝할 사이에 별안간 경(經)이 보이지 않자
눈물을 쏟으며 숨이 넘어가는 목소리로 부처님께 말씀을 올렸다
세존(世尊)이시여
제가 몸을 부수어 장수경(長壽經)을 베낀 것은

欲令流布 一切衆生 我今忽然不知所在 我心悶濁 愁毒
욕령류포 일체중생 아금홀연불지소재 아심민탁 수독

難忍
난인

일체중생(一切衆生)들에게 퍼뜨리고자 했던 것인데
제가 지금 순식간(瞬息間)에 있는 곳을 알지 못하여

寶光如來 告顚倒言 汝經 是八部龍王 請在龍宮 受持
보광여래 고전도언 여경 시팔부룡왕 청재룡궁 수지

供養 汝當歡喜
공양 여당환희

보광여래(寶光如來)께서 전도여인(顚倒女人)에게 고(告)하여 말씀하시되

그대의 경(經)은 팔부용왕(八部龍王)이 용궁(龍宮)에다가 청(請)하여 모셔놓고

공양(供養)을 올리고 있으니 그대는 환희(歡喜)할지언정

不須愁惱 善哉 顚倒 汝當以此功德力故 盡此壽已 生
불수수뇌 선재 전도 여당이차공덕력고 진차수이생

於無色界天
어무색계천

근심하거나 괴로워하지 말아라

제 마음이 몹시 혼란(昏亂)스럽고

침통(沈痛)함을 견딜 수가 없나이다

선재(善哉)로다 전도(顚倒)여

그대는

이 공덕(功德)의 힘으로 이 세상에서 목숨이 마치면

무색계천(無色界天)에 왕생(往生)하여

受諸快樂 永不更作女人之身 爾時 顚倒女人 白佛言世
尊 我之所願

모든 쾌락(快樂)을 받을 것이며

영원히 두 번 다시

여인(女人)의 몸을 받지 않을 것이다

그 때

전도여인(顚倒女人)이

부처님께 말씀 올리기를

세존(世尊)이시여

저의 소원(所願)은

不願生天 唯願生生世世 常遇世尊 佛心不退 在在處處
常爲一切罪苦衆生

천상(天上)에 태어나는 것이 아니옵고
다만 원(願)하옵건대
생생세세(生生世世)마다 세존(世尊)을 뵙는 것이며
불심(佛心)이 뒤로 퇴보(退步)하지 않는 것이며
부처님이 계시는 곳곳마다 제가 있어서
항상 죄(罪)많고 고통(苦痛)많은 일체중생(一切衆生)을 위(爲)하여

宣揚此法 寶光 告言 汝應妄語 顚倒又言 我若妄語 願
我依前無常鬼 逼我

이 법(法)을 선양(宣揚)하고자 하는 것입니다
이에

보광여래(寶光如來)부처님께서 고(告)하여 말씀하셨다

그대는 거짓말하는 것이 아닌가?

전도여인(顚倒女人)이 부처님께 다시 말씀 올리기를

제가 만약 거짓말을 하고 있다면

전(前)의 그 무상살귀(無常殺鬼)가 저를 핍박(逼迫)하고 잡아가도 좋습니다

若實心 願我身瘡 對佛除愈 干時 顚倒 以誓願力 平復
약실심 원아신창 대불제유 간시 전도 이서원력 평복

如故 寶光如來
여고 보광여래

그렇지만 저의 마음이 진실(眞實)된다면

제 몸에 있는 상처(傷處)가

부처님을 대(對)할 때에 씻은 듯이 낫도록 하여 주소서、라고

전도여인(顚倒女人)이 발원(發願)을 하자 곧바로

서원력(誓願力)에 의해 전도여인(顚倒女人)의 몸에 있던 상처가

흔적 없이 평상시와 같이 회복되었다

九九

보광여래(寶光如來) 부처님께서

告顚倒言 汝一心念佛 從一佛國 至一佛國 汝卽能見無
고 전 도 언 여 일 심 념 불 종 일 불 국 지 일 불 국 여 즉 능 견 무

量無邊諸佛世界
량 무 변 제 불 세 계

전도여인(顚倒女人)에게 고(告)하여 말씀하시기를

그대가

일심(一心)으로 한결같이 부처님을 념(念)한다면

그대는

부처님이 츌세(出世)하시는 어느 한 불국토(一佛國土)에서

다른 부처님이 츌세(出世)하시는 어느 한 불국토(一佛國土)에 이르기까지 사이에

한도 없고 끝도 없는 여러 부처님 불세계(佛世界)를 볼 수 있을 것인데

文字語言 不可宜說 爾時 顚倒 於須臾間 得無生法忍
문 자 어 언 불 가 의 설 이 시 전 도 어 수 유 간 득 무 생 법 인

三藐三菩提心
삼 막 삼 보 리 심

이는 글이나 말로는 도저히 어떻게 설명(說明)할 방법이 없고나

그 때에
전도여인(顚倒女人)은 잠간(暫間) 사이에
무생법인삼막삼보리심(無生法忍三藐三菩提心)을 얻었다

文殊(문수) 當知(당지) 寶光如來(보광여래) 我身(아신) 是也(시야) 顚倒女人(전도여인) 汝身(여신) 是也(시야)
四十九人(사십구인)

문수(文殊)여 마땅히 알아라
그 때의 보광여래(寶光如來)는 지금의 나이고
그 때의 전도여인(顚倒女人)은 지금의 그대 문수(文殊)이고
그 때의 사십구인(四十九人)은

新發意菩薩(신발의보살) 是也(시야) 我於無量曠劫已來(아어무량광겁이래) 常以護身(상이호신) 常與汝(상여여)
等(등) 宜說此經(의설차경)

101

令一切衆生 所有惡業 聞此長壽命經 半偈於耳 皆得消滅 今又更說
령일체중생 소유악업 문차장수명경 반게어이 개득소멸 금우갱설

지금 새로이 뜻을 발의(發意)한 마흔 아홉 보살(菩薩)들이니라
나는 무량(無量)한 광겁(曠劫) 이래(已來)로
항상 몸을 두호(斗護)하기를 그대들과 함께 하였으며
의당(宜當) 이 경(經)을 설(說)하여

일체중생(一切衆生)들로 하여금 나쁜 악업(惡業)이 있다면
이 장수명경(長壽命經)을 듣거나
반쪽(半偈)이라도 귓가를 스치기만 하여도
모두가 죄(罪)가 없어지도록 하였다
지금의 이 인연(因緣)도
그때의 인연(因緣)이 오늘에 또다시 사무쳐
지금에 또 이 자리에서
그대들과 만나 이 경(經)을 설(說)하고 있는 것이다

② 동자(童子)를 보호(保護)하다

⑫ 爾時 波斯匿王 於其夜分 在王宮中 聞有女人 高
　이시　파사익왕　어기야분　재왕궁중　문유여인고

聲號哭 哀慟難忍
성호곡　애통난인

그 때에
파사익왕(波斯匿王)이
그 날밤 한밤중에 왕궁(王宮)에서 어떤 여인(女人)이
큰 소리로 울부짖으며 애통(哀慟)함을 견딜 수 없어

悲不自勝 而自念言 我之深宮 曾無是事 何故 有是哀
비불자승　이자념언　아지심궁　증무시사　하고　유시애

屈之聲 於晨朝時
굴지성　어신조시

비통(悲痛)해 하기를 이기지 못하는 소리를 듣고는 스스로 생각하기를
나의 깊은 궁중(宮中)에서 이러한 일이 일찍이 없었는데

도대체 무슨 연고(緣故)가 있기에 이렇게 애끓는 소리로 울부짖었을까 하고는 이른 아침에

卽勅所司 王域衢路 尋求此女 使奉王勅 尋得將來 其女 驚愕悶絶

사령(司令)에게 칙령(勅令)을 내려 사람들이 많이 다니는 왕궁(王宮) 사거리에 나가 그 여인(女人)을 찾아보라 하였다

왕명(王命)을 받은 사자(使者)가 그 여인(女人)을 왕궁(王宮)으로 데리고 왔는데 여인(女人)이 왕(王)을 보자 느닷없는 일이라 그만 놀래서 혼절(昏絶)하고 말았다

王前 王 以冷水 而灑其面 漸漸得蘇 大王 聞言 昨夜 啼哭 審是汝不

女人答言 是我悲耳 王曰何故 怨哭 誰之屈女 女人答
言 我之所恨

왕(王) 앞에서 일어난 일이기에
왕(王)이 차가운 물을 여인(女人)의 얼굴에 뿌리므로
여인(女人)이 차츰차츰 정신을 차리게 되어 대왕(大王)이 물었다
어제 밤에 울며 통곡(痛哭)했는데 그게 그대가 아닌가?

여인(女人)이 대답(對答)하였다
예 제가 슬퍼서 울었습니다

왕(王)이 말하였다
무슨 까닭으로 원한(怨恨) 맺힌 것처럼 통곡(痛哭)을 하였느냐?
누가 그대를 억울하게 한 일이라도 있었느냐?

여인(女人)이 대답하였다
저에게 한(恨)스러운 일은

實無人屈 唯願大王 聽我所說 我年十四 嫡於夫家 經
三十年 生三十子

다른 사람에게 억울한 일이 있는 것이 아닙니다
대왕(大王)이시여 저의 말씀을 들어주소서
저는 나이 열네살(十四歲)에 지금의 남편 집으로 시집와서
삼십년(三十年)을 살면서 서른 명(三十子)의 아들을 낳았습니다

顔容 殊妙 頭 紺靑色 脣 赤如朱 齒 白如玉 身體盛愛
如春中花 我之戀惜

그런데 낳은 아들마다 얼굴이 빼어나게 준수(俊秀)해서 아름답고
머리는 감청색(紺靑色)으로 윤기(潤氣)가 흘렀으며
입술은 붉기가 주홍(朱紅)과 같았고
이빨은 희기가 백옥(白玉)과 같았고

신체(身體)는 사랑스럽기가 봄날의 아름다운 꽃과 같이 애틋하하였고
제가 아깝게 생각하는 것이

猶如髓腦 亦如肝腸 甚於性命 此子 長大 不過一歲 於
유여수뇌 역여간장 심어성명 차자 장대 불과일세 어
春夏時 便棄我死
춘하시 편기아사

저의 골수(骨髓)와 같앗고 저의 간장(肝腸)과 같앗고
저의 생명(生命)보다도 더 아까웠습니다

그런데
이러한 아들들이 크기가 한 살도 채 안 되어
봄이나 여름 때가 되면 죽어버렸으며

其最後兒 甚是我命 今現垂困 命將欲終 我昨夜號哭
기최후아 심시아명 금현수곤 명장욕종 아작야호곡
因此悲耳
인차비이

107

⑬
爾時 大王 聞此語已 深大愁惱 所有百姓 依因於
이시 대왕 문차어이 심대수뇌 소유백성 의인어

我 若不救護 非名國王
아 약불구호 비명국왕

그 때에 대왕(大王)은 여인(女人)의 말을 다 듣고는 깊은 고뇌(苦惱)에 빠져
어느 백성(百姓)이든지 모두가 대왕(大王)인 나를 의지(依支)하는데
이 여인(女人)의 고통(苦痛)을 덜어주지 못하고
어떻게 국왕(國王)이라고 할 수 있겠는가 생각하고는

卽集群臣 共相論議 王有六臣 一名 見色 二名 聞聲
즉집군신 공상론의 왕유육신 일명 견색 이명 문성

三名 香足 四名 辯才
삼명 향족 사명 변재

이제 그 가장 마지막 아이는 제가 제 목숨보다 더 소중히 여겨왔는데
지금 곤액(困厄)에 빠져 목숨이 곧 끊어지려 하여서
제가 어제 밤에 목놓아 통곡(痛哭)한 것입니다
그래서 슬퍼한 것이지 다른 이유(理由)는 없습니다

곧바로 여러 군신(群臣)들을 불러 함께 논의(論議)해 보기로 하였다

왕(王)에게는 여섯 명의 신하(臣下)가 있었는데

한 신하(臣下)는 이름이 견색(見色)이고

둘째 신하(臣下)는 이름이 문성(聞聲)이고

셋째 신하(臣下)는 이름이 향족(香足)이고

넷째 신하(臣下)는 이름이 변재(辯才)이고

五^오名^명 隨^수緣^연 六^육名^명 易^이染^염 而^이白^백王^왕言^언 童^동子^자 初^초生^생 當^당作^작七^칠星^성

二^이十^십八^팔宿^숙 神^신壇^단 延^연命^명

다섯째 신하(臣下)는 이름이 수연(隨緣)이고

여섯째 신하(臣下)는 이름이 이염(易染)이었는데

이들이 대왕(大王)에게 아뢰기를

동자(童子)가 처음 태어나면

북두칠성(北斗七星)과

이십팔숙(二十八宿) 신단(神壇)을 만들어 치성(致誠)을 하고

아이가 오래살기를 빌면

方免斯苦 唯願大王 告勅天下 爾時 有一智臣 曾於無
량불소 종제선근 명왈정혜
量佛所 種諸善根 名曰定慧

일찍 죽는 고통(苦痛)을 모면(謀免)할 수 있을 것입니다
오직 원(願)하옵건대 대왕께서 온 천하(天下)에 칙지(勅旨)를 나리소서
그 때 한 지혜(智慧)있는 신하(臣下)가 있었었는데,
그는 일찍 옛 겁(劫)에서부터 무량(無量)부처님 처소(處所)를 거치면서
수많은 온갖 공덕(功德)을 쌓은 이였고, 이름을 정혜(定慧)라 하였다

前白大王 大王 當知 六臣所言 非能免苦 今有大師 字
瞿曇 是號 悉達多

一一〇

無師自悟 今得成佛 在耆闍堀山 說長壽經 唯願大王
往彼聽受

선생님도 없이 혼자서 도(道)를 깨닫고 부처님이 되셔가지고
기사굴산(耆闍堀山)에서 장수경(長壽經)을 설(說)하고 있습니다
오직 원(願)하옵건대 대왕(大王)이시여
그곳에 설법(說法)을 들으러 가소서

그가 대왕(大王) 앞에 나가 말하였다
대왕(大王)이시여 마땅히 아소서
여섯 신하(臣下)들이 말하는 바로는 고액(苦厄)을 모면(謀免)하기가 어렵습니다
세상(世上)에 지금 대사(大師)라 하는 분이 계신데
이름은 구담(瞿曇)이고 호(號)를 실달타(悉達多)라 합니다

若聞此經 半偈於耳 百劫千生 所有重罪 無不消滅 一

약문차경 반게어이 백겁천생 소유중죄 무불소멸 일

切童子 聞經於耳 雖未悟解
체동자 문경어이 수미오해

만약(萬若)에 이 경(經)의 반쪼가리 게송(偈頌)이라도
귓가를 스치기만 하여도
백겁(百劫)이나 천생(千生)에 지은 수많은 온갖 중죄(重罪)가
먼지 한 점도 남는 것이 모두 다 없어지고
일체(一切) 모든 동자(童子)들도
이 경(經)을 읽는 소리가 귓가를 스치기만 하여도
비록 경문(經文)이 무슨 말인지 알아듣지 못할지라도

以經功德 自然長壽 波斯匿言 我昔曾聞六師所言 瞿曇
이경공덕 자연장수 파사익언 아석증문육사소언 구담
沙門 學日淺薄
사문 학일천박

이 경(經)의 공덕(功德)으로
자연(自然)히 장수(長壽)를 얻는다 합니다
파사익왕(波斯匿王)이 말하였다

黃領小兒 其年幼稚 六師經中 妖祥幻化 瞿曇是也 若
황령소아 기년유치 육사경중 요상환화 구담시야 약

有崇者 多失正道
유숭자 다실정도

爾時 定慧 以偈白王
이시 정혜 이게백왕

내가 예전에 일찍이 육사(六師)의 말을 들으니
구담사문(瞿曇沙門)은 학문(學問)이 부족(不足)하고

노란 부리 새 새끼 같은 햇병아리 어린 아이이고
먹은 나이도 아직 어려서 유치(幼稚)하고
육사경(六師經)을 가지고
요상(妖祥)한 환술(幻術)을 하는 사람이
구담사문(瞿曇沙門)인데
만약(萬若)에
숭배(崇拜)하는 사람이 있다면
모두 정도(正道)를 잃게 될 것이라 하였다

그 때 대왕(大王)이 하는 말을 듣고
정혜(定慧)는 게송(偈頌)으로써 대왕(大王)에게 아뢰었다

釋迦牟尼 天人師 曾於無量劫苦行

석가모니(釋迦牟尼)는 하늘에서나 인간에서나 스승이시라
일찍부터 무량겁(無量劫)을 고행(苦行)하시고

今得成佛轉法輪 還依過去諸佛說

지금 부처님 되셔서 법륜(法輪)을 굴리시며
과거(過去)의 모든 부처님 설(說)하신 바를 의지(依支)하실 제

不違一切衆生願 慈悲大力救群迷

일체 모든 중생(衆生)들의 서원(誓願)을 하나도 저버리지 않고

대자대비(大慈大悲)를 베풀어 온갖 미혹(迷惑)에서 건져 주시네

見佛汝龜値浮木 亦如最妙優曇花
견불여구치부목 역여최묘우담화

부처님 만나 뵙기는
눈먼 거북이가 바다 위를 떠다니는 나무토막 만나는 것과 같이 어렵고
또한 삼천년 만에 한번만 꽃을 피우는
아름다운 우담화(優曇花) 꽃을 보기 힘든 것과 같이 어려운 일이네

唯願大王往請法 不信外道六師言
유원대왕왕청법 불신외도육사언

오직 원(願)하옵건대
대왕(大王)이시여 가셔서 법(法)을 청(請)하소서
외도육사(外道六師)의 말을 믿지 마소서

爾時 定慧 說是偈已 以神通力 從地踊上 昇於虛空 高
이시 정혜 설시게이 이신통력 종지용상 승어허공 고

一一五

七多羅樹 卽於王前
칠다라수 즉 어왕전

그 때 정혜(定慧)가 게송(偈頌)으로 설(說)을 마치고는
신통력(神通力)으로 땅을 딛고 뛰어
칠다라수(七多羅樹) 나무 높이만큼 허공(虛空)으로 올라 왕(王) 앞에서

作諸呪術 於一念頃 令須彌山及大海水 入於心中 安然
작제주술 어일념경 령수미산급대해수 입어심중 안연

無礙 波斯匿王 見是事已
무애 파사익왕 견시사이

여러 가지 주술(呪術)을 부리니
한 생각 사이에 수미산(須彌山)과 대해수(大海水)를 마음속에 들게 하여도
안연(安然)하여 아무런 걸림이 없었다
파사익왕(波斯匿王)이、 이 일을 모두 보고는

歎言 希有 眞善知識 前禮定慧 白定慧言 汝師是誰 定
탄언 희유 진선지식 전례정혜 백정혜언 여사시수 정

慧答言 我師是釋迦牟尼佛
혜답언 아사시석가모니불

찬탄(讚嘆)하며 말하기를
희유(稀有)한 일이로다 진짜로 선지식(善知識)이구나 하며,
정혜(定慧)에게 다가가 예(禮)를 올리고는 물었다
그대의 스승은 누구인가?

정혜(定慧)가 대답(對答)하였다
저의 스승은 석가모니불(釋迦牟尼佛)이신데

今現在王舍城耆闍崛山 說長壽滅罪經 王聞此語 心大歡喜 即以國事 暫委定慧
금현재왕사성기사굴산 설장수멸죄경 왕문차어 심대환희 즉이국사 잠위정혜

왕사성(王舍城) 기사굴산(耆闍崛山)에서
장수멸죄경(長壽滅罪經)을 설(說)하고 계십니다
왕(王)이 이 말을 듣고 크게 환희심(歡喜心)이 일어나

국사(國事)를 잠깐 정혜(定慧)에게 맡기고

與無量眷屬大臣長者 駟馬寶車 前後圍繞 幷此女人
여 무량 권속 대신 장자 사마보거 전후위요 병차여인

及其童子 齋持花鬘 百種供養
급 기동자 재지화만 백종공양

한량(限量)없이 많은 권속(眷屬)과 대신(大臣)과 장자(長者)와 함께
네 마리의 말이 끄는 수레에 보물을 잔뜩 싣고 전후(前後)를 에워싸고
태어나는 자식마다 죽어버린 여인(女人)과 죽게 생긴 동자(童子)를 데리고
부처님 전(前)에 올릴 온갖 꽃으로 장식(裝飾)한 화만(華鬘)과
가지가지 공양물(供養物)을 가지고

至王舍城耆闍堀山中 除諸儀飾 繞佛七市 合掌頂禮 散
지 왕사성 기사굴산중 제제의식 요불칠잡 합장정례 산

花供養 具以上事而白佛言
화공양 구이상사이백불언

왕사성(王舍城) 기사굴산(耆闍堀山)에 이르러

모든 의식(儀飾)을 제쳐놓고 부처님 곁을 탑을 돌 듯이 일곱 번을 돌고나서
합장(合掌)하고 정례(頂禮)하며
꽃을 흩어 공양하고
궁궐(宮闕)에서 있었던 여인(女人)의 일에 대하여
부처님께 모두 말씀드렸다

⑭
爾時 世尊 告波斯匿王 此女人者 於過去世時 身
爲後母 心生嫉妬 和合毒藥

그때 석가세존(釋迦世尊)께서
파사익왕(波斯匿王)에게 이르시되,
이 여인(女人)은 과거(過去) 세상(世上)에 계모(繼母)였는데
마음에 질투(嫉妬)가 일어나 음식(飮食)에 독약(毒藥)을 섞어 먹여

殺前妻兒三十之子 此子 被殺 各發誓言 願我生生世世

常作其子 便卽分離
상작기자 편즉분리

전처(前妻)의 서른 명이나 되는 아들을 살해(殺害)했는데
이 아들들이 살해(殺害)를 당하면서 각각(各各) 원한으로 맹서(盟誓)하기를
우리는
태어나는 세세생생(世世生生)마다
그의 아들이 되겠다.

그리고는
느닷없이 갑자기 죽어

令其苦切 生大悲痛 時 此女人 今來得聞我說長壽命經
령기고절 생대비통 시 차여인 금래득문아설장수명경

一偈於耳 怨家債主 從斯永絶
일게어이 원가채주 종사영절

그가 애끊는 고통(苦痛)을 받고
견딜 수 없는 비통(悲痛)에 빠지게 하겠다. ― 그렇게 저주(詛呪)를 하였다.

그 때의 이 여인(女人)이 지금 내게 와서 장수명경(長壽命經)의 일게(一偈)를 듣고는 원수(怨讐)가 맺힌 집안의 저주를 풀 수 있게 되었다

❶⑤

爾時 世尊 告諸大衆 童子受胎 魔王波旬 即放四
이시 세존 고제대중 동자수태 마왕파순 즉방사

大毒蛇 六塵惡賊
대독사 육진악적

그때 석가세존(釋迦世尊)께서 여러 대중(大衆)들에게 고(告)하시었다
동자(童子)가 태중(胎中)에 들어가 수태(受胎)하면
마왕파순(魔王波旬)이 사대독사(四大毒蛇)를 풀어놓고
육진악적(六塵惡賊)을

止住其身 若一不調 命根 即斷 我有陀羅尼呪 善能增
지주기신 약일부조 명근 즉단 아유다라니주 선능증

益諸童子壽 若有患苦
익제동자수 약유환고

그 몸에 머물러 동자(童子)와 함께 지내도록 하나니
만약(萬若)에 무언가 한 가지라도 조화(調和)를 이루지 못하면
동자(童子)의 명줄(命根)은 곧 끊어져 버리고 만다

나에게 다라니주(陀羅尼呪)가 있는데、
이 다라니주(陀羅尼呪)는
모든 어떤 동자(童子)의 수명(壽命)이라도 훌륭하게 늘려줄 수가 있고
만약(萬若)에 어떠한 우환(憂患)이나 질고(疾苦)가 있다 할지라도

문아차주   일경어이   무불제차   능령악귀   사산치주 즉
聞我此呪 一經於耳 無不除差 能令惡鬼 四散馳走 卽
설주왈
說呪曰

이 다라니주(陀羅尼呪)가 한번 귓가를 스쳐가기만 해도 낫지 않음이 없고
능(能)히 악귀(惡鬼)들도 사방(四方)으로 흩어져 달아날 것이다
즉(卽) 주(呪)를 설(說)하건대

파두미파 두미제비   해니해니   해니해니제리   제라제려후
波頭彌波 頭彌提婢 奚尼奚尼 奚尼諸梨 諸羅諸麗侯

羅侯麗 由麗由羅
라후려 유려유라

파두미파 두미제비 해니해니 해니제리 제라제려 후라후려 유려유라

由麗波羅 波麗聞 制瞋迗 頻迗般逝 末迗遲那迦梨 蘇
유려파라 파려문 제진질 빈질반서 말질지나가리 스

波訶
바하

유려파라 파려문 제진질 빈질반서 말질지나가리 스바하

佛言 是陀羅尼呪文句 若善男子 善女人 受持讀誦 爲
불언 시다라니주문구 약선남자 선녀인 수지독송 위

一切受胎出胎病患童子之所
일체수태출태병환동자지소

부처님께서 말씀하셨다
이 다라니주(陀羅尼呪) 문구(文句)를

一二三

만약(萬若)에 선남자(善男子)나 선여인(善女人)이 수지(受持)하고 독송(讀誦)하되,
아기를 가지려 하거나 해산(解産)하려 할 때나, 동자(童子)가 아프거나 할 때
그 장소(場所)에서

演說七日七夜 燒香散花 書寫供養 至心聽受 所有重病
연설칠일칠야 소향산화 서사공양 지심청수 소유중병

前身業障 皆得消滅
전신업장 개득소멸

칠일칠야(七日七夜)를 계속해서 향(香)을 사르고 꽃을 흩으며 서사공양(書寫供養)을 올리며 지극한 마음으로 받아 들이면 중병(重病)이거나 전생업장(前生業障)도 모두 다 소멸(消滅)될 것이다

爾時 醫王菩薩 名曰耆婆 前白佛言 世尊 我爲大醫療
이시 의왕보살 명왈기바 전백불언 세존 아위대의료

治重病 諸小童子
치중병 제소동자

그 때 기바(耆婆)라고 하는 의왕보살(醫王菩薩)이 부처님께 아뢰었다

세존(世尊)이시여

제가 대의(大醫)로서 온갖 병(病)을 치료(治療)합니다

제가 보건대 어릴 적에 생기는 동자(童子)의 질병(疾病)에는

有九種病 能斷其命 何者爲九 一者 父母 非時 行於房
유구종병 능단기명 하자위구 일자 부모 비시 행어방
室 二者 初産 令血穢地
실 이자 초산 영혈예지

아홉가지 종류(種類)의 병(病)이 원인(原因)이 있어 명(命)이 끊어져 죽게 됩니다

무엇이 아홉 가지가 되는가 하면

· 첫번째가, 부모(父母)가 때가 아닌 때에 정사(情事)를 갖기 때문이고
· 두번째가, 처음 해산(解産)했을 때 산후(産後)의 피로 땅을 오염(汚染)시켜

地神 不居 惡鬼 得便 三者 初産 不居臍間 諸小毒蟲
지신 불거 악귀 득편 삼자 초산 불거제간 제소독충

四者 不以兜羅輭綿 拭其胎中穢血
　　사자　불이두라연면　식기태중예혈

- 네 번째가, 도라연면(兜羅輭綿)과 같은 아주 부드러운 솜으로 태중(胎中)에서 묻어나온 피를 깨끗이 닦아내지 않은 까닭이고

- 세 번째가, 처음 해산(解産)했을 때 동자(童子)의 배꼽을 깨끗이 하지 않아 아주 작은 온갖 독(毒)한 벌레들이 들끓게 한 까닭이고

　지신(地神)이 그 자리에 있지를 못하고

五者 殺生害命 而爲歡宴 六者 其母食一切諸雜
오자　살생해명　이위환연　육자　기모식일체제잡
冷菓 七者 童子有病 餧其雜肉
랭과　칠자　동자유병　위기잡육

- 다섯째가, 다른 살아있는 것을 죽여 목숨을 해(害)쳐 놓고 잔치하며 자기 어린아이가 태어난 것을 기뻐하며 즐긴 까닭이고

- 여섯째가, 산모(産母)가 이것저것 잡(雜)스런 음식(飮食)과 냉(冷)한 과실(果實)을 먹은 까닭이고

一二六

- 일곱째가, 어린아이가 병(病)에 걸렸을 때 이것저것 잡(雜)된 고기를 먹인 까닭이고

八者 初産子母 未分 令諸不祥 見産生處 未分解者 能
령모사이분해자령동자사
令母死 已分解者 令童子死

- 여덟째가, 해산(解産)했을 때,
아이와 어머니가 서로 떨어지기 전(前)에 부정(不淨)을 탄 까닭인데
산실(産室)에서,
모자(母子)가
서로 떨어지기 전(前)의 부정(不淨)에는 산모(産母)가 죽게 되고
모자(母子)가
서로 떨어진 후(後)의 부정(不淨)에는 아이가 죽게 됩니다

何謂不祥 若有人 眼見一切死屍 及諸變怪眼不淨故
名曰不祥 若以牛黃眞珠
乃光明砂蜜末 微塵 定童子心 能免不祥 九者 夜行 被
惡鬼打之

어떠한 것을 불상(不詳)이라고 하는가 하면
만약(萬若)에 사람들이
눈으로 어떤 것이든 일체(一切)의 죽은 시체(屍體)를 보았든지
여러 가지 이상스런 변괴(變怪)를 본 것은,
눈이 부정(不淨)해진 것으로
이를 부정탔다 하여 불상(不祥)이라고 합니다
만약(萬若)에 부정(不淨)을 탔을 때는
우황(牛黃)과 진주(眞珠)와

광명주사(光明朱砂)를

아주 가늘게 가루내서 꿀로 반죽하여 미진(微塵)만큼 조금을

어린아이에게 먹이면 어린아이의 심장(心臟)이 안정(安定)을 되찾고

부정(不淨)을 모면(謀免)할 수 있습니다

• 아홉째는, 밤중에 다니다가 악귀(惡鬼)한테 얻어맞고 죽게 되는 것입니다

一切童子 若能愼是九事 終不至死
_{일체동자 약능신시구사 종불지사}

일체(一切) 모든 동자(童子)들이

만약(萬若)에 능(能)히 이와 같은 아홉 가지 일인 구사(九事)를 삼가

한다면

마침내 죽지 않을 것입니다

⑯

爾時 天魔波旬 有他心智 在魔宮中
_{이시 천마파순 유타심지 재마궁중}

그때 천마파순(天魔波旬)이

다른 사람들의 마음을 꿰뚫어 볼 수 있는

타심지(他心智)가 있어 마왕궁(魔王宮)에 있으면서도

知佛說此長壽滅罪護諸童子陀羅尼呪 心大忿怒 發大
惡聲 愁憂不樂 魔有三女

석가(釋迦)부처님께서
장수멸죄호제동자다라니주(長壽滅罪護諸童子陀羅尼呪)를 설(說)하시는 것을 알고
크게 분노(忿怒)하는 마음이 일어나 소리를 고래고래 지르며
수심(愁心)과 걱정으로 기분이 도대체 좋지가 않았다
천마파순(天魔波旬)에게는 세 명의 딸이 있었는데

前白父王 未審 大王 何故 愁惱 父王答言 瞿曇沙門
今在王舍大城 耆闍崛山

딸들이 부왕(父王)에게 말하였다
왜 그러시는지 도대체 알 수가 없습니다

대왕(大王)이여 무슨 일로 그렇게 근심하시며 괴로워하십니까?

부왕(父王)이 대답(對答)하였다

구담사문(瞿曇沙門)이 지금 왕사대성(王舍大城)의 기사굴산(耆闍崛山)에서

爲無量無邊衆生 說長壽經 流布一切衆生 得長壽樂
위무량무변중생 설장수경 류포일체중생 득장수락

侵我境界 我惡心起
침아경계 아악심기

무량(無量)하고 무변(無邊)한 중생(衆生)들을 위(爲)하여

장수경(長壽經)을 설(說)하고 일체(一切) 중생(衆生)들에게 유포(流布)하여

모든 중생(衆生)들이 장수락(長壽樂)를 얻게 하니

나의 경계(境界)가 침략(侵略)당하여 내 마음에서 오기(傲氣)가 일어나

我今欲將諸眷屬等一切魔兵 而往討之 縱使不能止得
아금욕장제권속등일체마병 이왕토지 종사불능지득

瞿曇 我今威力 止塞諸天
구담 아금위력 지색제천

及大衆耳 不令聞佛說長壽經 時 魔三女 以偈諫父

급대중이 불령문불설장수경 시 마삼녀 이게간부

내 지금 모든 권속(眷屬)과 일체(一切) 마병(魔兵)을 동원(動員)하여 토벌(討伐)하여 구담사문(瞿曇沙門)이 함부로 날뛰지 못하게 하고 나의 위력(威力)으로써 모든 하늘 제천(諸天)과 대중(大衆)의 귀를 막아버려 불설장수경(佛說長壽經)을 알아듣지 못하게 하겠다 천마파순(天魔波旬)이 그렇게 말을 할 때에 마왕(魔王)의 딸들 셋이 아버지에게 게송(偈頌)으로 간(諫)하였다

天魔波旬有三女 稽首前白父王前

천마파순유삼녀 계수전백부왕전

천마파순(天魔波旬)에게 세 딸이 있는데 그 딸들이 머리숙여 부왕(父王)님에게 아룁니다

瞿曇沙門天人師 非是魔力能禁止

구담사문천인사 비시마력능금지

구담사문(瞿曇沙門)은 하늘에서나 인간에서나 스승이 되기에
마왕(魔王)님의 위력(威力)으로도 어떻게 가로막을 방법이 없나이다

昔日在於菩提樹 初坐吉祥法座時
그 옛날 보리수(菩提樹) 나무 아래에서
처음 길상초(吉祥草)를 자리에 깔고 앉으셨을 때에

我等三女巧便姸 諸天女中爲第一
저희들 세 자매(姉妹)의 교태(嬌態)와 아름다움은
모든 하늘 제천(諸天)의 여러 여인(女人) 가운데 제일(第一)이온데

百種姿態擬欲之 菩薩都無染着意
온갖 자태를 부려 욕정(欲情)으로 구담사문(瞿曇沙門)을 얽어매려 하였으나

觀我三女如老姥 今成正覺菩提師
관아삼녀여로모 금성정각보리사

보살(菩薩)은 물들기는커녕 도무지 눈썹하나 끄덕거리지도 않앉았나이다 저희 제천(諸天)의 제일(第一)가는 세 미녀(美女)를 노파(老婆) 보듯 본척만척 하더니 이제 정각(正覺)을 이루시고 삼계(三界)를 이끄는 보리사(菩提師)가 되셨지요

父王彎弓作恐怖 諸兵器仗市虛空
부왕만궁작공포 제병기장잡허공

부왕(父王)께서 활을 당겨 겁을 주면서 온갖 병기(兵器)를 온 허공(虛空)에다 들이대고 휘둘러 대도

菩薩觀如童子戲 一無警懼退敗心
보살관여동자희 일무경구퇴패심

보살(菩薩)께선 아가들 장난으로 보시고

一三四

今日道成爲法王 唯願父王息惡意
금일도성위법왕 유원부왕식악의

한 오라기도 겁을 먹거나 기가 꺾이는 일이 없을 거예요
더구나 오늘날에는 도(道)를 이루신 법왕(法王)이시니
오직 원(願)하건대 부왕(父王)이시여 악의(惡意)를 버리소서

⑰ 爾時 魔王波旬 聞女說偈 將諸眷屬 私自平章 我
　　이시 마왕파순 문녀설게 장제권속 사자평장 아
　　當與汝 同往佛所 善巧方便
　　당여여 동왕불소 선교방편

그때 마왕파순(魔王波旬)은 딸들의 게송(偈頌)의 말을 듣고는
모든 권속(眷屬)들과 평상복(平常服)을 하고
내가 너희들과 함께 부처님 처소(處所)로 가서
아주 교묘(巧妙)한 방편(方便)을 써서

而逡巡之 詐受佛降 令佛信用 若得信者 當作種種一切
魔事 而障此經 卽與眷屬

이준순지 사수불항 령불신용 약득신자 당작종종일체
마사 이장차경 즉여권속

주저주저하다가는 거짓으로 부처님에게 굴복(屈伏)하는 것처럼 꾸며
부처님으로 하여금 신용(信用)을 하게 하고,
만약(萬若)에 신용(信用)을 얻게 되면
마땅히 온갖 가지가지 일체(一切) 마구니 일을 만들어
이 장수경(長壽經)을 가로막아 장애(障碍)가 생기게 할 것이다 하고는
곧 바로 권속(眷屬)들과 더불어

同詣佛所 遶佛七帀而白佛言 世尊 說法無疲勞耶 我今
將領諸魔眷屬

동예불소 요불칠잡이백불언 세존 설법무피로야 아금
장령제마권속

다 함께 부처님 처소(處所)에 이르러서는
부처님을 일곱 바퀴를 돌고나서 부처님께 말씀을 올렸다

一三六

來聽長壽命經 爲佛弟子 唯願世尊 不違我願
세존(世尊)이시여
설법(說法)하시느라 피로(疲勞)하지는 않으십니까?
제가 이제 모든 마(魔)의 권속(眷屬)들을 데리고 와서
장수명경(長壽命經)을 듣고
부처님 불제자(佛弟子)가 되고자 합니다
오직 원(願)하옵건대
저의 원(願)을 저버리지 말아 주소서

爾時 世尊 呵嘖魔王 汝在本宮 心立忿怒 設得來此
作逡巡 我法之中 不容汝詐
그 때에 세존(世尊)께서
마왕파순(魔王波旬)을 꾸짖으시기를

時魔波旬 羞愧 交集斂容 無色而白佛言 世尊 是我愚
計實行詐法 唯願世尊

시마파순 수괴 교집검용 무색이백불언 세존 시아우
계실행사법 유원세존

네가 마왕궁(魔王宮)에 있을 때는 분노심(忿怒心)내고 참지 못하다가
설득(說得)된 듯 이곳에 와서는 거짓으로 주저주저하지만
나의 법(法)에서는 너의 속임수를 용납(容納)하지 않을 것이다

그럴 때에 마왕파순(魔王波旬)은 크게 수치(羞恥)를 느끼고
태도를 바로잡아 엄숙히 하고 낯빛이 바랜 채 부처님에게 아뢰었다
세존(世尊)이시여 제가 어리석어 위장술(僞裝術)을 쓰려 하였나이다
오직 원(願)하옵건대 세존(世尊)이시여

以大慈悲 恕我愆犯 我今得聞長壽經護諸童子陀羅尼
呪 我發誓願 若後末世

이대자비 서아건범 아금득문장수경호제동자다라니
주 아발서원 약후말세

自受持此經 書寫讀誦 所在之處 我當擁護
同乘其便 設使地獄
若有罪人 須臾之間 憶念此經 我當以大神力 取大海

대자비(大慈悲)로 제가 저지른 잘못을 용서(容恕) 주소서
제가 지금 장수경호제동자다라니주(長壽經護諸童子陀羅尼呪)를 듣고
제가 발원(發願)을 하고 맹서(盟誓)하겠나이다

만약(萬若) 이후(以後) 말세(末世)에

어떤 사람이든 몸소 이 경(經)을 받아 지니고 사경(寫經)하고 독송(讀誦)하면
그곳을 제가 마땅히 옹호(擁護)하고
악귀(惡鬼)들로 하여금 동승(同乘)하거나 훼방(毀謗)놓지 못하게 할 것입니다
설사(設使) 죄(罪)가 있어 지옥(地獄)에 들어가는 죄인(罪人)이

水灌注罪人 令大地獄
수 관주죄인 령대지옥

만약(萬若)에 있다 하더라도 잠깐(暫間) 사이를
이 경(經)을 마음속에 단단히 기억(記憶)만 하여도
제가 마땅히 대신통력(大神通力)으로 대해수(大海水)를 길어다가
죄인(罪人)에게 부어 줄 것이며
대지옥(大地獄)은

如蓮華池
여련화지

연꽃이 만발(滿發)하는 연화지(蓮華池)가 되게 하겠습니다

18
爾時 復有飛騰羅刹 食童子羅刹等 而爲上首 與
이시 부유비등라찰 식동자라찰등 이위상수 여
其同類 諸眷屬等
기동류 제권속등

그 때에 다시 비등라찰(飛騰羅刹)과

아이를 잡아먹는 라찰(羅刹)이 제일 윗자리 상수(上首)가 되어

그와 같은 무리와 권속(眷屬)들이 함께

從空中下 遠佛千帀 白佛言 世尊 我於無量劫來 受羅
종공중하 요불천잡 백불언 세존 아어무량겁래수라

刹身 我之眷屬 如恒河沙
찰신 아지권속 여항하사

공중(空中)에서 내려와 부처님 둘레를 천 번이나 돌고나서 부처님께 아뢰기를

세존(世尊)이시여

저희들은

시작(始作)을 알 수 없는 먼 옛날부터 지금까지 무량겁(無量劫)에 걸쳐

라찰(羅刹)의 몸을 받아왔습니다

저희 권속(眷屬)들은 항하사(恒河沙) 모래알 숫자만큼이나 많사온데

各爲飢餓之所逼切 於四天下 唯噉在胎 及初生童子血
각위기아지소핍절 어사천하 유담재태 급초생동자혈

肉 我等眷屬 伺候一切衆生

각각(各各) 모두가 배가 고프고 핍박(逼迫)받고 시달릴 때는

사천하(四天下)의 어디라도 돌아다니며

오직 자궁(子宮)의 태(胎)에 들어가 태(胎)를 씹어 먹고

갓 태어난 어린아이의 피를 빨아 먹으며 살을 씹어 먹고 살고 있습니다

또한

저희들 권속(眷屬)들은

일체(一切) 모든 중생(衆生)들이

夫婦交會 食噉其精 今無胎 或在胎中 我亦隋入傷胎
食血 初生七日 我等 專伺其便

부부(夫婦)가 정사(情事)하기를 엿보며 기다리다가

정액(精液)을 쏟으면 그 정충(精虫)을 씹어 먹어치워

斷其命根　乃至十歲　我等眷屬　變作種種諸惡毒蟲　入童
단기명근　내지십세　아등권속　변작종종제악독충　입동

子胎　食其五臟　所有精血
자태　식기오장　소유정혈

그 즈음 태(胎)가 이루어지지 않아 임신(姙娠)이 안 되게 하거나

혹은 태(胎)가 생겨 임신(姙娠)을 하게 되면

우리가 자궁(子宮)으로 따라 들어가

태(胎)를 상(傷)하게 하고 피를 빨아먹으며

처음 아이가 태어난 지 칠일(七日) 안에

우리들은 오로지 편리(便利)한 시간(時間)을 엿보며 기다리다가

그 명줄(命根)을 끊어 버리는데

아이가 열 살(十歲)이 되기 전(前)까지

저희 권속(眷屬)들은

온갖 가지가지 여러 종류(種類)의 벌레로 변화(變化)하여

어린아이의 태(胎)로 들어가

오장(五臟)과 정혈(精血)을 긁어 먹고 빨아 먹으며

能令小兒 吐乳下痢 或痔或瘧眼腫水腹 乃至漸漸斷其
命根 我等

능(能)히 먹은 젖을 토(吐)하게도 하고 설사(痢症)를 하게도 하고
혹(或)은 식중독(食中毒)을 일으켜 오장(五臟)에 감질병(疳疾病)을 생기게 하고
학질(瘧疾)이나 눈에 다래끼나 종기를 나게 하고 배에 물이 차게 하여
조금씩 조금씩 그렇게 하다가 명줄(命根)이 끊어지게 했습니다
저희들이

今聞世尊說長壽滅罪護諸童子經 奉世尊勅令 我眷屬飢
餓所逼 不敢食噉

이제 세존(世尊)께서 설(說)하시는
장수멸죄호제동자경(長壽滅罪護諸童子經)을 듣고

佛告羅刹 汝等 當受我之禁戒 令汝 得捨此羅刹身 生
불고라찰 여등 당수아지금계 령여 득사차라찰신 생
天受樂
천수락

부처님께서 라찰(羅刹)에 고(告)하셨다
너희들은 마땅히 나의 금계(禁戒)를 받으라
내가 너희들이 라찰(羅刹)의 몸을 버리고 천상(天上)에 태어나
천상락(天上樂)을 누리게 할 것이다

佛告大衆 若有童子 受患苦者 令其慈母 分乳微塵 與
불고대중 약유동자 수환고자 령기자모 분유미진 여
虛空中 施諸羅刹
허공중 시제라찰

그리고
부처님께서 대중(大衆)들에게、
만약 동자(童子)가 아파서 고통(苦痛)을 받을 때
그 자모(慈母)로 하여금
젖을 조금 짜서 허공(虛空)에 뿌려서 라찰(羅刹)들에게 베풀어 주고

幷淸淨受持此長壽命滅罪陀羅尼經 書寫讀誦 病則除
差 時羅刹衆 甚大歡喜

아울러 청정(淸淨)하게
이 장수명멸죄다라니경(長壽命滅罪陀羅尼經)을 받아 가져
베껴 쓰고 독송(讀誦)하면 병(病)은 곧 나을 것이다 하시니
라찰(羅刹)들은 대단히 크게 환희(歡喜)하면서

而白佛言 當得生天 我等眷屬 終不能侵諸童子乳乍

이백불언 당득생천 아등권속 종불능침제동자유사

食_식鐵_철丸_환 終_종不_불能_능食_식諸_제童_동子_자血_혈

부처님에게 아뢰었다
마땅히 하늘에 나면,
저희들 권속(眷屬)들은
끝끝내 동자(童子)의 젖을 침범(侵犯)하지 않겠습니다
차라리 쇳덩어리 철환(鐵丸)을 먹을지언정
결코 동자(童子)의 피를 빨아 먹지는 않겠습니다

於_어佛_불滅_멸後_후 有_유能_능讀_독誦_송受_수持_지此_차經_경處_처者_자 設_설有_유惡_악人_인 惱_뇌是_시法_법師_사
或_혹有_유惡_악鬼_귀 惱_뇌諸_제童_동子_자

부처님께서 열반(涅槃)에 드신 후(後)에
이 경(經)을 독송(讀誦)하며 받아 가지는 자(者)가 있는 곳에
설사(設使) 악인(惡人)이 있어 법사(法師)를 괴롭히거나

혹(或)은 악귀(惡鬼)가 동자(童子)를 괴롭히더라도

我等 當集佛金剛杵 而衛護之 不令惡鬼 而得其便 爾
時 一切諸天大王 幷其眷屬

저희들이 부처님의 금강저(金剛杵)를 움켜잡고 보호(保護)하며
악귀(惡鬼)가 자기 마음대로 하지 못하게 하겠습니다
그 때
일체(一切) 모든 제천(諸天)의 대왕(大王)과
아울러 그 권속(眷屬)들과

一切龍王 一切夜叉王 阿修羅王 迦樓王 緊那羅王 摩
睺羅伽王 薛荔多王

일체룡왕(一切龍王)과 일체야차왕(一切夜叉王)과 아수라왕(阿修羅王)과 가루왕 긴나라왕 마후라가왕 설여다왕

가루왕(迦樓王)과 긴나라왕(緊那羅王)과 마후라가왕(摩睺羅伽王)과
설여다왕(薛荔多王)과

毗舍遮王 富單那王 乃至迦吒富單那等 一切諸王 各幷
비사차왕 부단나왕 내지가타부단나등 일체제왕 각병
眷屬 禮拜於佛 同心合掌
권속 례배어불 동심합장

비사차왕(毗舍遮王)과 부단나왕(富單那王)과
내지(乃至) 가타부단나(迦吒富單那) 등
일체(一切) 모든 제천(諸天)의 왕(王)들이 각각 권속(眷屬)들과
함께 부처님께 예배(禮拜)올리고 한 마음으로 합장(合掌)하며

作如是言 世尊 我等 從今 在在處處 若有比丘 比丘尼
작여시언 세존 아등 종금 재재처처 약유비구 비구니
諸優婆塞優婆夷
제우바새우바이

이와 같이 아뢰었다

세존(世尊)이시여
이제부터 저희들이 있는 곳곳마다
만약(萬若) 비구(比丘)나 비구니(比丘尼)나
모든 우바새(優婆塞)나 우바이(優婆夷)가

但有受持此長壽經 書寫處者 我等眷屬 常當衛護 我等
諸王 驅策惡鬼 若有惡鬼

다만 이 장수경(長壽經)을 받아 지니고 사경(寫經)하며 베껴 쓰고 한다면
저희 권속(眷屬)들이 항상 마땅히 보호(保護)하겠으며
저희 제왕(諸王)들도 악귀(惡鬼)들을 몰아내겠으며
만약(萬若) 악귀(惡鬼)들이

惱諸衆生 令患苦者 若能淸淨書持是經 我等諸王 禁攝
諸鬼 不令加害 被橫死苦

뇌제중생 령환고자 약능청정서지시경 아등제왕 금섭
제귀 불령가해 피횡사고

⑲

爾時 牢固地天 從座而起 作如是言
이시 노고지천 종좌이기 작여시언

世尊 若佛弟子 受持此長壽滅罪護諸童子經者
세존 약불제자 수지차장수멸죄호제동자경자

그 때에 노고지천(牢固地天)이 자리에서 일어나 말하였다

세존(世尊)이시여

만약(萬若)에 부처님 제자(弟子)들이

이 장수멸죄호제동자경(長壽滅罪護諸童子經)을

수지(受持) 독송(讀誦)한다면

모든 중생(衆生)들을 괴롭힐지라도 아파서 고통을 받는 자(者)가

만약(萬若)에 이 경(經)을 청정(淸淨)하게 써서 갖는다면

저희들 제왕(諸王)들이 모든 귀신(鬼神)들을 통제(統制)하여

해악(害惡)을 끼쳐서 비명(非命)으로 죽는 일이 없도록 하겠습니다

一五一

我等地天 常出地味 滋潤彼人 令其身中 增益壽命 我
等 常以種種金銀 種種資生
種種穀米 具足供給 此信心人 令無乏少 身得安隱 無
有愁惱 心常歡喜 得好福田

저희들 지천(地天)이
항상(恒常) 지미(地味)의 좋은 맛을 나게 해서
그 사람을 촉촉히 적셔주어
그 몸이 날로 수명(壽命)이 불어나도록 하겠습니다
저희들이 항상
갖가지 금은(金銀)과 갖가지 자생(資生)과
갖가지 미곡(米穀)을 풍족(豊足)하게 공급(供給)하며
신심(信心)있는 사람들이 조금이라도 궁핍(窮乏)을 당하지 않도록 하고

無令惡鬼 斷其命根 若諸童子 生一七日 我等地神 當
擁護之 無令斷命

무령악귀 단기명근 약제동자 생일칠일 아등지신 당
옹호지 무령단명

몸이 안온(安穩)해져서 수심(愁心)과 괴로움이 없게 하며
마음이 항상(恒常) 환희(歡喜)롭고 좋은 복전(福田)을 얻어
악귀(惡鬼)들이 명줄(命根)을 끊지 못하게 하고
만약(萬若)에 모든 동자(童子)들이 태어나 첫 칠일(七日)에
저희 지신(地神)들이 마땅히 옹호(擁護)하여서 죽는 일이 없게 하겠습니다

⑳ 爾時 衆中金剛力士 復白佛言

이시 중중금강력사 부백불언

그 때 대중(大衆) 가운데 있던
금강력사(金剛力士)가 부처님께 다시 말씀을 올렸다

世尊 如來 說此長壽命滅罪護諸童子陀羅尼經已

세존 여래 설차장수명멸죄호제동자다라니경이

一五三

세존(世尊)이시여 여래(如來)께서
장수멸죄호제동자다라니경(長壽命滅罪護諸童子陀羅尼經)을 설(說)하시니

諸大檀越 幷眷屬衆 各各發心 護持讀誦書寫是經 供給
所須 無令乏少

모든 대단월(大檀越)과 아울러 권속(眷屬)들이 모두가 각각(各各)
발심(發心)하고 호지(護持)하고 독송(讀誦)하고 서사(書寫)하는데
이 경(經)의 공급(供給)이 조금이라도 궁핍(窮乏)함이 없도록 하겠습니다

我聞大德婆伽婆 說吉祥章句大力神呪 若有衆生 一聞
於耳 百劫千生 從不短命

제가 듣건대, 대덕(大德) 바가바(婆伽婆·諸佛通號)가 설(說)한
길상장구대력신주(吉祥章句大力神呪)는

得壽無量 無有病苦 雖有四魔 不能忄亂 增長壽命 滿
百二十 不老不死不退不沒

만약(萬若) 중생(衆生)들이 귀로 한 번 듣기만 하여도
백겁(百劫)이나 천생(千生)을 거쳐도 단명(短命)치 아니하고
한량(限量)없는 수명(壽命)을 얻고 몸이 아픈 병고(病苦)도 없고
비록 사마(四魔)가 있다고 하더라도 오역(忤逆)하거나 혼란(混亂)시키지 못하며
날로 수명(壽命)이 불어나 백이십살(百二十歲)이 차도록
늙지도 않고 죽지도 않고 퇴행(退行)도 없고 몰락(沒落)도 없으며

呪曰
一切佛子 苦患重病 聞此呪者 卽免諸鬼之所奪命 卽說

일체(一切) 불자(佛子)들이 고환(苦患)과 중병(重病)에 시달려도
이 진언(眞言)을 듣는 자(者)는
모든 귀신(鬼神)들로부터 목숨을 빼앗기는 일은 없다 하였습니다

곧 주(呪)를 설(說)하기를 왈(日)、

(1) 多地夜他 타디야타
　(1) 타디야타
(2) 旃達利 젼달리
　(2) 젼달리
(3) 旃達囉毗提 젼달라비졔
　(3) 젼달라비졔
(4) 旃達囉魔吽 젼달라마훔
　(4) 젼달라마훔
(5) 旃達囉跋帝 젼달라바뎨
底唎 디리
　(5) 젼달라바뎨
(6) 旃達囉不梨 젼달라뿌리
　(6) 젼달라뿌리
(7) 旃達囉闍移 젼달라샤이
　(7) 젼달라샤이
(8) 旃達囉 젼달라
　(8) 젼달라디리
(9) 旃達跋咩 젼닮빼양
　(9) 젼닮빼양
(10) 旃突嘍 젼뚜루
　(10) 젼뚜루
(11) 旃達囉婆囉吁 젼달라바라자
　(11) 젼달라바라자
(12) 旃達囉勿達唎 젼달라물달리
　(12) 젼달라물달리
(13) 旃達囉婆地移 젼달라바디이
(14) 旃達囉婆咩 젼달라바양
(15) 旃達囉佉祇 젼달라카기
(16) 旃達囉 젼달라

盧^노^기寄

(13) 젼달라바디이 (14) 젼달라바양 (15) 젼달라카기 (16) 젼달라노기

(17) 藪婆呵
^{스바하}

(17) 스바하

佛言 善哉善哉 金剛力士 汝今能說此護諸童子吉祥神
呪 汝當爲一切衆生之大導師

부처님이 금강력사(金剛力士)에게 말씀하셨다
선재(善哉)로다 선재(善哉)로다 금강력사(金剛力士)여!
그대가 지금 호제동자길상신주(護諸童子吉祥神呪)를 설(說)하니
그대는 마땅히 일체중생(一切衆生)을 이끄는 대도사(大導師)이다

一五七

文殊 當知 如是神呪 過去諸佛之所宣說 建立守護 善
能增長人天壽命

문수(文殊)여! 마땅히 알아라
이와 같이 호제동자길상신주(護諸童子吉祥神呪)는
과거의 모든 부처님들께서 설(說)하시고
리수(理數)를 엮어 천률(天律)을 구축(構築)하시고
삼계(三界)가 모두 수호(守護)하도록 하여 인천(人天)의 수명(壽命)이
날로 더 늘어나도록 아주 잘 권능(權能)을 베푸신 것이며

能除一切罪垢惡見 能護一切持經之人 延其壽命

능(能)히 일체(一切) 모든 죄(罪)와 더러운 모든 때와
아주 못된 소견(所見)을 제거(除去)해 없애 버리도록 하신 것이며
경(經)을 수지독송(受持讀誦)하는 사람들을 능(能)히 보호(保護)하고
수명(壽命)이 날로 늘어나 비명횡사(非命橫死)하지 않도록 해 주신 것이다

③ 죄업(罪業)을 소멸(消滅)하고 비명횡사(非命橫死)를 막다

㉑ 爾時 世尊 告文殊師利法王之子 我滅度後濁惡世
이시 세존 고문수사리법왕지자 아멸도후탁악세

그 때 세존(世尊)께서 문수사리법왕자(文殊師利法王子)에게 고(告)하시기를 내가 열반(涅槃)한 후(後) 세상(世上)이 탁(濁)하고 악(惡)한 때에

時 若有比丘 破我禁戒
시 약유비구 파아금계

가사(袈裟)를 걸친 어떤 비구(比丘)가 내가 금계(禁戒)하도록 한 계율(戒律)을 파괴(破壞)하고

親比丘尼 及諸處女 幷二沙彌 飮酒食肉 姦淫 熾盛 爲
친비구니 급제처녀 병이사미 음주식육 간음 치성 위

諸白衣之所輕賤 毁滅我法
제백의지소경천 훼멸아법

성녀(聖女)인 비구니(比丘尼)와 친애(親愛)하려 하며

經營世俗不淨之事 無慚愧心 猶如木頭 當知此等是五
경영세속부정지사 무참괴심 유여목두 당지차등시오
逆人 非我弟子 是魔眷屬
역인 비아제자 시마권속

여러 처녀(處女)들과 가깝게 지내며
아울러 두 사미(二沙彌)와도 허물을 트며
거리낌 없이 술을 마시며
남의 살덩이인 고기를 아무렇지도 않게 씹어 먹으며
간음(姦淫)하려는 마음만 불길같이 치성(熾盛)하며
그리하여
백의(白衣)에게 경멸(輕蔑)과 천시(賤視)를 당(當)하며
나의 정법(正法)을 허물고 궤멸(潰滅)하며

세속(世俗)의 더럽고 부정(不淨)한 것을 경영(經營)하면서도
부끄러워하는 마음이 조금도 없는 것이 마치 내다 버린 나무토막과 같으니
마땅히 알아라
이러한 무리들이 바로
오역인(五逆人)이며

名曰六師 此比丘等 於現世中 得短命報 比丘尼等 亦
復如是 若能懺悔 不更復作

나의 제자(弟子)가 아니다
이러한 권속(眷屬)들이 바로
외도(外道) 육사(六師)이다
이러한 비구(比丘)들은
현세(現世)에는 단명보(短命報)를 받을 것이다
또한
비구니(比丘尼)들도 이와 같을 것이다
그러나
능(能)히 참회(懺悔)하고 두 번 다시 죄(罪)를 짓지 아니하고

受持此經 即得長壽 復次文殊 我滅後濁惡世時 若有

菩薩 誹謗他人 自讚其善
보살 비방타인 자찬기선

이 경(經)을 수지독송(受持讀誦)하면 곧 수명(壽命)이 길어질 것이다
세존(世尊)께서 다시 문수(文殊)에게 말하였다
문수(文殊)여!
내가 열반(涅槃)한 후(後) 세상(世上)이 탁(濁)하고 악(惡)한 때에
만약 어떤 보살(菩薩)이
다른 사람들을 비방(誹謗)하고
자기가 한 일을 착한 일이라고 스스로 자화자찬(自畵自讚)하며

方等經典 不傳付人 如是菩薩 是魔伴侶 非眞菩薩 若
방등경전 불전부인 여시보살 시마반려 비진보살 약
能至心 受持此經 書寫讀誦
능지심 수지차경 서사독송

방등경전(方等經典)을 사람들에게 전(傳)하지 아니하면
이와 같은 보살(菩薩)은 바로 마구니의 동반자(同伴者)이지
진짜 보살(菩薩)은 아니다

만약 지극(至極)한 마음으로

이 경(經)을 수지(受持)하고 베껴 쓰고 독송(讀誦)하면

即得諸佛 不壞常身 復次文殊 我滅度後濁惡世時 若
즉득제불 불괴상신 부차문수 아멸도후탁악세시 약

有國王 殺父害母 誅斬六親
유국왕 살부해모 주참육친

곧 모든 부처님의 무너지지 않는 금강(金剛)과 같은 상신(常身)을 얻을 것이다

세존(世尊)께서 다시 문수(文殊)에게 말하였다

문수(文殊)여!

내가 열반(涅槃)한 후(後) 세상(世上)이 탁(濁)하고 악(惡)한 때에

만약(萬若)에 어떤 국왕(國王)이

아버지를 죽이거나 어머니를 해(害)치고

육친(六親)을 목 베어 죽이거나

不依王法 廣興兵甲 侵討他國 忠諫之臣 枉遭刑戮 淫
불의왕법 광흥병갑 침토타국 충간지신 왕조형륙 음

慾熾盛　違先王法　破塔壞寺

왕법(王法)에 의(依)하지 않고
광범위(廣範圍)하게 군대(軍隊)를 일으켜
다른 나라를 함부로 침략(侵略)하여 치거나
충심(忠心)으로 간(諫)하는 신하(臣下)를 억울하게 형벌(刑罰)을 주고
음욕(淫慾)이 불꽃과 같이 맹렬(猛烈)하여 선왕(先王)이 세운 법을 어기고
탑(塔)을 파괴(破壞)하고 사찰(寺刹)을 허물어뜨리고

焚燒經像　水旱不調　國王無道　國界飢餓　疾疫死亡　如
是國王　現世短命

경전(經典)과 불상(佛像)을 불태워 버리거나 하면
홍수(洪水)가 나거나 가뭄이 들어
천하민심(天下民心)이 흉흉(洶洶)하고 어수선할 것이다

死入地獄 墮大阿鼻 若能書寫是經 流通供養 至誠懺
悔 依先王法 即得長命

국왕(國王)이 무도(無道)함으로
국경선(國境線)은 기아(飢餓)에 허덕이고
질병(疾病)으로 사망(死亡)하는 사람이 속출(續出)할 것이다
이와 같이 하여서 국왕(國王)은 단명(短命)하여 일찍 죽고
죽어서는 지옥(地獄)으로 들어가 대아비지옥(大阿鼻地獄)에 떨어질 것이다
그러나 만약(萬若)
이 경(經)을 서사(書寫)하고 널리 유통(流通)하고 공양(供養)하며
지성(至誠)으로 참회(懺悔)하며
선왕(先王)이 남기신 법(法)을 따른다면 곧 장명(長命)하게 될 것이다

㉒ 復次文殊 我滅度後濁惡世時

세존(世尊)께서 다시 문수(文殊)에게 말하였다

문수(文殊)여!

내가 열반(涅槃)한 후(後) 세상(世上)이 탁(濁)하고 악(惡)한 때에

若有大臣 及諸官屬 身請天祿 無慚愧心 諂佞不忠
약유대신 급제관속 신청천록 무참괴심 첨영불충

만약(萬若)에 어떤 대신(大臣) 및

관청(官廳)에 속(屬)해 있는 모든 관리(官吏)들이

분수(分數)에 넘치는 천록(天祿)을 청(請)하고

부끄러운 줄도 모르고

아첨(阿諂)하는 재주만 있고 충성(忠誠)스럽지 못하며

專行矯詐 賊臣 危害 國土 不安 設使臨人 不行國法
전행교사 적신 위해 국토 불안 설사림인 불행국법

侵剋百姓 恣意貪殘
침극백성 자의탐잔

오로지 고의적(故意的)으로 사기(詐欺) 행각(行脚)을 일삼고

橫殺無辜 取他財寶 輕慢經典 魔障大乘 如是等人 現
세단명 타아비옥 무유출기
世短命 墮阿鼻獄 無有出期

날뛰는 난신적자(亂臣賊子)들의 위해(危害)때문에
사회혼란(社會混亂)이 조성(造成)되어
국가(國家)가 불안(不安)에 빠지고
설사(設使) 사람을 만나도 국법(國法)을 행(行)하려 하지 않고
백성(百姓)들을 압제(壓制)하고 권리(權利)를 침해(侵害)하여
자기 마음 내키는 대로 탐욕(貪慾)을 부리고 잔혹(殘酷)하게 굴며
아무 죄(罪)없는 무고(無辜)한 사람을 난폭(亂暴)하게 죽이고
남의 재산(財産)을 아무렇지도 않게 가로채고
부처님 경전(經典)을 업신여기며
대승(大乘)을 마장(魔障)이라 하고 폄하(貶下)하면,
이와 같이 하는 사람들은
현세(現世)에는 단명보(短命報)를 받고
—설사(設使) 살아있다 하더라도 명(命)이 박약(薄弱)해져서

一六七

若能懺悔 受持此經 書寫讀誦 即得長命 永守天祿
약능참회 수지차경 서사독송 즉득장명 영수천록

죽음보다 더 괴로운 사경(死境)을 헤매는 고통(苦痛)을 받으며
죽어서는 아비지옥(阿鼻地獄)에 떨어져서 나올 기약(期約)이 없을 것이며—

그러나 만약(萬若)
능(能)히 참회(懺悔)하고
이 경(經)을
수지(受持)하고 서사(書寫)하고 독송(讀誦)하면
곧 장명(長命)을 얻고 길이길이 천록(天祿)을 지킬 수 있을 것이다

復次文殊 我滅度後 濁惡世時 有優婆塞 及優婆夷 信
부차문수 아멸도후 탁악세시 유우바새 급우바이 신

邪倒見 不信正法大乘經典
사도견 불신정법대승경전

세존(世尊)께서 다시 문수(文殊)에게 말하였다

내가 열반(涅槃)한 후(後) 세상(世上)이 탁(濁)하고 악(惡)한 때에

一六八

如是衆生 縱有無量百千金銀 而懷慳惜 唯求財利 不能
布施 救乏一切貧苦之者

우바새(優婆塞) 우바이(優婆夷)가
삿된 것을 믿고 견해(見解)가 전도(顚倒)되어
정법(正法)과 대승경전(大乘經典)을 믿지 아니하며

이와 같은 중생(衆生)들은
아무리 많은 백천만금(百千萬金)을 주무르며 희롱(戱弄)할지라도
도리어 더 인색(吝嗇)하고 아까와 하며
오직 재산(財産) 불리는 데에만 혼백(魂魄)을 쏟기만 하고
포시(布施)를 하여 궁핍(窮乏)에 빠져 시달리는 일체(一切) 중생(衆生)들의
빈한(貧寒)한 고통(苦痛)을 건져줄 줄도 모르고

不能書寫十二部經 受持讀誦 求免無常惡道之苦 如是

이 십이부경(十二部經)을 서사(書寫)하고
수지독송(受持讀誦)하여
무상악도(無常惡道)의 고(苦)를 면(免)하려 하지 않고 여시(如是)

之人 宅舍虛耗 竈下鳥現

십이부경(十二部經)을
서사(書寫)하거나 수지독송(受持讀誦)하거나
무상(無常)한 악도(惡道)의 고통(苦痛)에서도 벗어나려고도 하지 않으니
이와 같은 사람들은
부엌에서는 새가 날아다니고
쓸 돈이 없어 집만 덩그러니 남아있는 텅 빈 빈집으로
모든 것을 쓸데없이 낭비해 버려

蛇入臥堂 狗忽上舍 鼠百種鳴 諸野禽獸 競來入宅 百
種魑魅 名之爲怪 以見怪故

뱀이 들어와 방에 누워 있고
개가 문득 집안에 오르고

쥐가 시도 때도 없이 찍찍 거리고
가지가지 들짐승들이 앞 다투어 집에 들어오며
온갖 리매망량(魑魅魍魎)을 괴물(怪物)이라 하는데
이러한 괴물(怪物)들이 앞 다투어 눈에 보이는 연고(緣故)로

心^심得^득煩^번惱^뇌 因^인煩^번惱^뇌集^집 得^득獲^획短^단命^명 若^약能^능受^수持^지書^서寫^사是^시經^경 流^류通^통
讀^독誦^송

마음이 번뇌(煩惱)를 얻게 되고
번뇌(煩惱)가 모여들므로 단명(短命)을 획득(獲得)하게 되는 것이다
그러나 만약(萬若)
이 경(經)을
수지(受持)하고 서사(書寫)하고 유통(流通)하고 독송(讀誦)한다면

卽^즉能^능摧^최破^파如^여是^시等^등怪^괴 而^이得^득長^장命^명

곧 이와 같이 괴상(怪狀)한 것들을 모두 때려 쳐부수고 장명(長命)을 얻을 것이다

復次文殊 我滅度後濁惡世時 一切衆生 男女成就 以憐愍故 以得心病 何以故
부차문수 아멸도후탁악세시 일체중생 남녀성취 이련민고 이득심병 하이고

세존(世尊)께서 다시 문수(文殊)에게 말하였다
문수(文殊)여!
내가 열반(涅槃)한 후(後) 세상(世上)이 탁(濁)하고 악(惡)한 때에 일체중생(一切衆生)들이 성장(成長)하여 남자(男子)가 되고 여자(女子)가 되면 연민(憐愍)함으로 걱정하게 되는 심병(心病)을 얻게 된다
어찌하여 그러한가?

或男成長 被充兵役 如是王法 制不由已 父母念之 名爲心病 或女成長
혹남성장 피충병역 여시왕법 제불유이 부모념지 명위심병 혹녀성장

一七二

혹(或) 남자는 성장(成長)하게 되면 병역(兵役)을 치르게 되니

이와 같은 왕법(王法)은 억제(抑制) 당하여 자유(自由)롭지 못하므로

부모(父母)가 염려(念慮)하게 되니 이것이 심병(心病)이다

혹(或) 여자(女子)는 성장(成長)하면

配嫡他門而被輕賤 違夫婦道 父母念之 名爲心病 爲心
배적타문이피경천 위부부도 부모념지 명위심병 위심

病故 愁憂苦惱
병고 수우고뇌

타(他) 문중(門中)으로 시집가서 업신여김과 천대(賤待)를 받고

부부도(夫婦道)가 어긋날까 봐

부모(父母)가 염려(念慮)하게 되니 이것이 심병(心病)이다

심병(心病)이라고 하는 것은

수심(愁心)에 잠기고 우려(憂慮)하고 고뇌(苦惱)하는 것인데

愁惱病集 現世短命 若能書寫受持此經 得長壽命 以經
수뇌병집 현세단명 약능서사수지차경 득장수명 이경

力故 姻親 和順 心病消除
력고 인친 화순 심병소제

수심(愁心)과 고뇌(苦惱)가 모여 병(病)이 되어
현세(現世)에 명(命)이 짧아지는 단명보(短命報)를 받게 된다
그러나 만약(萬若)에 이 경(經)을
서사(書寫)하고 수지(受持)하고 독송(讀誦)하면
수명(壽命)이 장명(長命)함을 얻을 것이고
경(經)의 힘에 의해
사돈(査頓)과도 화순(和順)하게 지낼 것이며
심병(心病)도 말끔히 소제(掃除)될 것이다

㉓ 復次文殊 我滅度後濁惡世時 一切衆生 無慈悲心
부차문수 아멸도후탁악세시 일체중생 무자비심
殺生害命 食噉一切衆生
살생해명 식담일체중생

세존(世尊)께서 다시 문수(文殊)에게 말하였다
문수(文殊)여!

十種身肉 文殊 當知 如殺父母 如食六親 或因殺命 而
復傷胎 爲是事故

현세단명 설사부부교회지시 피악라찰 식담기태 영무
現世短命 設使夫婦交會之時 被惡羅刹 食噉其胎 令無

십종신육 문수 당지 여살부모 여식육친 혹인살명 이
복상태 위시사고

열 가지 십종신육(十種身肉)의 살덩이를 맛있다 하며 씹어 먹는데
문수(文殊)여! 마땅히 알아라
이는 부모(父母)를 살해(殺害)하고
육친(六親)을 죽여 그 살덩이를 먹는 것과 같으니
혹(或)은 살생(殺生)을 한데다가
낙태(落胎)까지 하는 이러한 일이 연고(緣故)가 되어

내가 열반(涅槃)한 후(後) 세상(世上)이 탁(濁)하고 악(惡)한 때에
일체중생(一切衆生)들이 자비심(慈悲心)이라는 것이 조금도 없어서
살아서 꿈틀거리는 생명(生命)을 살해(殺害)하여서
일체중생(一切衆生)의

子息 若能書寫
자식 약능서사

受持是經 卽免斯苦
수지시경 즉면사고

현세(現世)에는 명(命)이 짧아지게 된다
설사(設使) 부부(夫婦)가 교회(交會)하며 정사(情事)를 나눌지라도
라찰(羅刹)로부터 태(胎)가 씹어 먹히는 피해(被害)당하고
임신(姙娠)이 되지 않아 자식(子息)을 갖지 못하게 되리라
그러나 만약(萬若)
이 경(經)을
서사(書寫)하고
수지독송(受持讀誦)한다면
이러한 고통(苦痛)을 면(免)할 것이다

㉔ 復次文殊 我滅度後濁惡世時
부차문수 아멸도후탁악세시

세존(世尊)께서 다시 문수(文殊)에게 말하였다
문수(文殊)여!
내가 열반(涅槃)한 후(後) 세상(世上)이 탁(濁)하고 악(惡)한 때에

一切衆生 不知宿命 暫得人身 謂爲快樂 更相誹謗
일체중생 부지숙명 잠득인신 위위쾌락 갱상비방

일체중생(一切衆生)들이 숙명(宿命)은 알지도 못하고
잠간(暫間) 인신(人身)을 얻어가지고 있는 것인데
인생(人生)은 쾌락(快樂)하는 것이라 이르며 즐기고
거기다가 남을 비방(誹謗)하는 일삼으며

或恃權豪 種種惡心 規他性命 不信經典 我慢大乘 如
혹시권호 종종악심 규타성명 불신경전 아만대승 여

是之人 現世短命 若能至心
시지인 현세단명 약능지심

혹(或)은 자기의 권세(權勢)나 호기(豪氣)만을 믿고
가지가지 악심(惡心)으로 다른 사람의 성명(性命)도 규제(規制)하며
경전(經典)을 불신(不信)하며 믿지 아니하고
대승(大乘)이라 하며 아만(我慢)을 부리는데
이와 같은 사람들은 현세(現世)에는 단명(短命)하지만,
만약 지극한 마음으로

懺悔 調柔其心 書寫是經 受持讀誦 以善根力 得長壽
참회 조유기심 서사시경 수지독송 이선근력 득장수

命 設使病患 終不橫死
명 설사병환 종불횡사

참회(懺悔)하고
그 마음을 조화(調和)롭게 다스리고
이 경(經)을 서사(書寫)하고 수지독송(受持讀誦)하면
그 선근력(善根力)에 의해 수명(壽命)이 길어짐을 얻을 것이다
설사(設使) 병환(病患)으로 시달릴지라도
비명횡사(非命橫死)는 당하지 아니 할 것이다

㉕ 復次文殊 我滅度後濁惡世時

세존(世尊)께서 다시 문수(文殊)에게 말하였다

문수(文殊)여!

내가 열반(涅槃)한 후(後) 세상(世上)이 탁(濁)하고 악(惡)한 때에

一切眾生 或奉王勅 或父母教 向於他國 及險道處

일체중생(一切眾生)들이

혹(或)은 왕명(王命)을 받들거나, 혹(或)은 부모(父母)의 가르침으로

다른 나라에도 가고 위험(危險)한 곳에도 가게 되는데

以商爲業 求諸珍寶 爲財利故 我慢貢高 圍碁六博 樗

蒲投壺 親近淫女 交惡知識

不用王勅 及父母誡 嗜酒耽淫 傷身殞命 設得財寶 爲
酒迷濁 不知道路通塞之處

이는 장사하는 업(業)으로서
여러 가지 진기(珍奇)한 보석을 구(求)하기도 하고
재물(財物)로 이익(利益)을 챙기기 때문에 돈을 만지므로
아만(我慢)만 높아지고 분방(奔放)해져
바둑이나 즐기고
육박(六博)이라는 도박(賭博)에 빠지고
윷놀이 비슷한 저포(樗蒲)나 하고
화살을 병에 던져 넣는 투호(投壺)나 하고
음녀(淫女)를 가까이 하고
악지식(惡地識)과 사귀며
왕명(王命)이나 부모(父母)의 훈계를 따를 필요가 없다 하며
술에 굶주린 듯하고 음욕(淫慾)에 빠져 몸을 상(傷)하고 목숨까지 잃게 되니

設使(설사) 재보(財寶)를 얻었다고 한들
술로 흐리멍덩하게 되어
도로(道路)가 통(通)하는 곳인지 막힌 곳인지를 알지 못하고

後被諸惡賊 劫奪其財 因以害命 若能書寫是經 廣發誓
후피제악적 겁탈기재 인이해명 약능서사시경 광발서
願 所在之處 惡賊退散
원 소재지처 악적퇴산

후(後)에 여러 악(惡)한 도적(盜賊)들에게 피해(被害)를 입어
재물(財物)을 강탈(强奪) 당하고
그로 인(因)해 명(命)까지 해(害)를 입게 된다
그러나 만약(萬若)에
이 경(經)을 서사(書寫)하고 광대(廣大)하게 서원(誓願)을 발(發)하면
소재(所在)하는 곳에서 악(惡)한 도적(盜賊)들은 물러가 흩어지고

生歡喜心 諸惡毒獸 不能嬈害身心 安穩多獲寶貨 以經
생환희심 제악독수 불능요해신심 안온다획보화 이경

一八一

力故 得長壽命
력고 득장수명

환희심(歡喜心)이 생겨나며

모든 악독(惡毒)한 짐승들이 주위(周圍)를 맴돌며 해(害)치지 못할 것이며

안온(安穩)하게 재물을 많이 획득(獲得)하게 되고

경(經)의 공력(功力)으로 수명(壽命)도 길어짐을 얻을 것이다

㉖ 復次文殊 我滅度後濁惡世時
부차문수 아멸도후탁악세시

세존(世尊)께서 다시 문수(文殊)에게 말하였다

문수(文殊)여!

내가 열반(涅槃)한 후(後) 세상(世上)이 탁(濁)하고 악(惡)한 때에

一切衆生 以惡業故 死入地獄 從地獄出 得畜生身
일체중생 이악업고 사입지옥 종지옥출 득축생신

일체중생(一切衆生)들이
악업(惡業) 때문에

죽어 지옥(地獄)에 들어가고
지옥(地獄)에서 나와서는 축생(畜生)의 몸을 얻게 되는데

設得人形 六根 不具 聾 盲 瘖 瘂 瘤 殘背瘻 受女人身
不識經字 設是男子

설사(設使) 사람으로 태어나 사람의 형상을 얻을지라도

육근(六根)이 제대로 갖추지 못하여
농자(聾者)가 되어 귀머거리가 되고
맹인(盲人)이 되어 장님이 되고
음아(瘖瘂)가 되어 벙어리가 되고
륭자(瘻者)가 되어 쇠로병약(衰老病弱)하고
류괴(瘤塊)가 몸에 붙어 평생 혹을 달고 다니고

一八三

爲惡業故 癡愚暗鈍 不能轉讀此長壽經 心生愁惱 以愁
惱故 名爲心病 以心病故

곱사등이 되어 힘든 삶을 살기도 하며
여인(女人)의 몸을 받아 태어나도 경(經)과 글자를 알지 못하고
설사(設使) 남자로 태어났어도
악업(惡業) 때문에 우치(愚癡)하고 흐리멍덩하여
이 장수경(長壽經)을 읽어내지 못하며
마음에 수심(愁心)과 고뇌(苦惱)가 생겨나게 된다
수심(愁心)과 고뇌(苦惱) 때문에 생긴 것이 심병(心病)인데
이 심병(心病) 때문에

現世短命 若能令善知識 書寫是經 自取而轉 從初至末

현세단명 약능령선지식 서사시경 자취이전 종초지말

一心頂戴 以至誠故
일심정대 이지성고

현세(現世)에 명(命)이 짧아지는 단명보(短命報)를 받게 된다
그러나 만약(萬若)에
선지식(善知識)이 이 경(經)을 서사(書寫)하여 줄 수만 있다면
이 경(經)을 스스로 취(取)하여 전독(轉讀)하기를
처음부터 끝까지 일심(一心)으로 떠받들어 모시고 쉬지 않는다면
그렇게 한 지극(至極)한 정성(精誠)이

功德 無量 如此惡業 不更復受 此人 現世 得長壽命
공덕 무량 여차악업 불갱복수 차인 현세 득장수명

무량(無量)한 공덕(功德)이 되어
이와 같은 악업(惡業)은 두 번 다시 받지 아니할 것이며
이러한 사람은
현세(現世)에 수명(壽命)이 길어짐을 얻을 것이다

復次文殊　我滅度後濁惡世時

세존(世尊)께서 다시 문수(文殊)에게 말하였다
문수(文殊)여!
내가 열반(涅槃)한 후(後) 세상(世上)이 탁(濁)하고 악(惡)한 때에

若有衆生　死亡之後　從一七日　乃至七七日　所爲亡者

만약(萬若)에 어떤 중생(衆生)이
사람이 죽은 후(後)
첫 칠일(七日)에서 일곱 번째 칠일(七日)까지 칠칠일(七七·四十九日)에
죽은 망자(亡者)를 위(爲)하여

建造諸福功德　七分　亡者所得　唯獲其一　若生在之時

於七七日 停止家事 書寫是經
어칠칠일 정지가사 서사시경

香花供養 請佛迎僧 設生七齋 所得功德 如恒河沙 此
향화공양 청불영승 설생칠재 소득공덕 여항하사 차

人現世 得長壽命
인현세 득장수명

복(福)과 공덕(功德)을 칠분(七分)을 지었다면
망자(亡者)는
그 가운데 일분(一分)만 손에 넣고 저승으로 향한다.
만약(萬若)에 살았을 때
생전예수재(生前豫修齋)인 칠칠일(七七·四十九日)을
가사(家事)를 일시적(一時的)으로 접어두고
이 경(經)을 서사(書寫)하고

향화(香花)와 공양(供養)을 올리며
부처님을 청(請)하고 스님을 모셔서
생전예수재(生前豫修齋)인 생칠재(生七齋)를 진설(陳設)하면

永離三途諸惡道苦 若已亡者 緣身資産 建福 七分 並獲
영리삼도제악도고 약이망자 연신자산 건복 칠분 병획

소득(所得)하는 바 공덕(功德)은 항하사(恒河沙)의 모래알과 같을 것이다
이러한 사람은 현세(現世)에 수명(壽命)이 장생(長生)함을 얻고
영원(永遠)히
삼도강(三途江)에서 허우적거리는
모든 악도(惡道)의 고통(苦痛)에서 벗어날 것이다
만약(萬若)에 이미 죽은 망자(亡者)는,
살아있는 사람이 칠칠재(七七齋)를 올려줄 때
망자(亡者)가 직접(直接) 벌은 돈인
망자(亡者)와 인연(因緣)있는 망자(亡者)의 재산(財産)으로 복(福)을 지어주면
망자(亡者)는 칠분(七分)을
모두
손에 쥐고 천문(天門)을 통과(通過)하게 된다

㉘
復次文殊 我滅度後濁惡世時
부차문수 아멸도후탁악세시

세존(世尊)께서 다시 문수(文殊)에게 말하였다

문수(文殊)여!

내가 열반(涅槃)한 후(後) 세상(世上)이 탁(濁)하고 악(惡)한 때에는

一切衆生 不孝五逆 無慈悲心 而於父母 無恩愛情 而
事六親

일체중생(一切衆生)들이

불효(不孝)하고 오역(五逆)을 저지르고 자비심(慈悲心)도 전혀 없고

부모(父母)에 대(對)한 은애(恩愛)로움이나

육친(六親)을 섬기고자 하는 정(情)도 없을 것이다

爾時 行道天王 繞四天下 種種音樂 將諸眷屬 於三齋
月 至閻浮提 若有一切衆生

그 때 행도천왕(行道天王)이
사천하(四天下)를 음악(音樂)과 함께
모든 권속(眷屬)을 거느리고 두루두루 둘러 보시면서
삼재월(三齋月)인 일월(一月)과 오월(五月)과 구월(九月)에
염부제(閻浮提)에 이르러서

만약(萬若) 일체중생(一切衆生)들이

橫被諸病 行道天王 爲除惡鬼 令得除愈 衆生 不孝 嫉
횡피제병 행도천왕 위제악귀 령득제유 중생 불효 질
妬造惡 行病鬼王 即以惡氣
투조악 행병귀왕 즉이악기

가지가지 온갖 질병(疾病)의 피해(被害)를 당(當)하고 있으면
행도천왕(行道天王)이 악귀(惡鬼)를 제거(除去)하고 병(病)을 낫게 할 것이다
중생(衆生)들이 불효(不孝)하고 질투(嫉妬)하고 악업(惡業)을 지으면
병(病)을 주는 귀왕(鬼王)이 돌아다니며 나쁜 악기(惡氣)를

一九〇

噓而病之 令得瘟疫一切重病 若熱若冷 虛勞下瘧 邪魔
鬼毒 及惡癩病

입으로 후— 하고 품어서 병(病)을 주어
걸리기만 하면 모두 돌림병인 온역(瘟疫)에 걸려 중병환자(重病患者)가 되는데
열(熱)이 펄펄 끓는 것 같기도 하고 온 몸이 차디찬 얼음장 같기도 하고
온몸이 가라앉는 쇠약성(衰弱性) 말라리아에 걸리기도 하고
까닭없이 종기가 생기고 여자(女子)는 밑으로 피를 쏟고 땀을 뻘뻘 흘리며
아주 고약한 나병(癩病)에 걸리게도 한다

若能於歲一日 燒香散花 淸淨身心 書寫是經 乃至七
日 請佛迎僧 淸齋讀誦

그러나 만약(萬若) 정월 초하룻날인 세일일(歲一日)에
향불을 사리며 꽃 공양(供養)을 하며

以是善根　終無疾疫　故得長壽命
이 시 선 근　종 무 질 역　고 득 장 수 명

청정(淸淨)한 몸과 마음으로 이 경(經)을 서사(書寫)하며
칠일(七日)이 다되도록
부처님을 청(請)하여서 스님을 모시고
깨끗하게 재(齋)를 올리며 독송(讀誦)하면
이러한 선근(善根) 공덕(功德)으로
마침내 역질(疫疾)은 없어지고 수명(壽命)이 장생(長生)을 얻을 것이다

㉙ 復次文殊　我滅度後濁惡世時
부 차 문 수　아 멸 도 후 탁 악 세 시

세존(世尊)께서 다시 문수(文殊)에게 말하였다
문수(文殊)여!
내가 열반(涅槃)한 후(後) 세상(世上)이 탁(濁)하고 악(惡)한 때에

衆生 薄福 其劫 欲盡 七日 竝照 設無七日 國王 無道
令天炎旱 大地所有 藥木叢林 一切百穀 甘蔗花菓 將
欲枯死 若有國王 一切衆生

중생(衆生)들이 박복(薄福)하여 그 겁(劫)이 소진(消盡)하려 할 때
모두 다함께 지성(至誠)을 다해 칠일간(七日間)을 조견(照見)하라
칠일간(七日間)을 진설(陳設)함도 없고
국왕(國王)도 무도(無道)하면

하늘이 가뭄을 내려 대지(大地)에 있는
약목(藥木)과 무성(茂盛)한 숲과
모든 백곡(百穀)과 사탕수수와 꽃과 과일나무가 장차 말라 죽으려 할 것이니
만약(萬若)에 국왕(國王)과 일체중생(一切衆生)들이 있어

能受持讀誦此經典者 難陀龍王 及婆難陀龍王等 憐愍
衆生 從大海水 降注甘雨

능(能)히 이 경전(經典)을 수지독송(受持讀誦)하는 자(者)가 있다면
난타용왕(難陀龍王)과 바난타용왕(婆難陀龍王)등이
중생(衆生)들을 불쌍하고 가련(可憐)하게 여겨
큰 바닷물을 끌어다가 감로(甘露)를 쏟아 부어주어

一切叢林 百穀草木 滋潤 衆生 以此經力 得長壽命

일체(一切)의 모든 총림(叢林)과 백곡(百穀)과 초목(草木)이
모두 윤택(潤澤)하게 활기(活氣)를 되찾게 될 것이며
중생(衆生)들도 모두 이 경(經)의 공력(功力)에 의해
수명(壽命)이 장생(長生)함을 얻을 것이다

㉚ 復次文殊 我滅度後濁惡世時

세존(世尊)께서 다시 문수(文殊)에게 말하였다
문수(文殊)여!
내가 열반(涅槃)한 후(後) 세상(世上)이 탁(濁)하고 악(惡)한 때에

一切衆生 斗秤欺誑 不義得財 以其罪業 死入地獄

일체중생(一切衆生)들이
말이나 됫박이나 저울눈을 속이고
의(義)롭지 못한 방법(方法)으로 재물(財物)을 취득(取得)하면
그 죄업(罪業)으로 지옥(地獄)으로 들어가게 된다

從地獄出 受畜生身 所謂 牛驢象馬猪狗羊等 一切禽獸 蚊虻虱蟻

지옥(地獄)에서 나와 축생신(畜生身)을 받아 소위(所謂) 우려상마저구양(牛驢象馬猪狗羊) 등(等) 일체금수(一切禽獸) 문맹슬의(蚊虻虱蟻)

지옥(地獄)에 들어갔다가 나오게 되면 축생(畜生)의 몸을 다시 받게 되는데 이른바 소(牛) 나귀(驢) 코끼리(象) 말(馬) 돼지(猪) 개(狗) 염소(羊) 등(等) 일체금수(一切禽獸)와 모기(蚊) 등에(虻)·牛虻등에말파리) 이(虱) 개미(蟻)가 된다

若有菩薩摩訶薩 以慈悲心 於畜生等 虻及 蟻前 轉讀
此經 一聞於耳

만약(萬若) 어떤 보살마하살(菩薩摩訶薩)이 자비심(慈悲心)이 있어서 축생(畜生)들이나 등에(虻)나 개미 앞에서 이 경(經)을 읽어 주어서 한번이라도 귓가를 스쳐가기만 하여도

此經力故 隨類皆解 此等畜生 捨此身已 得生天樂

이 경(經)의 공력(功力)에 의해

부류(部類)들마다 이 축생(畜生)들은 모두다 해탈(解脫)을 하고
몸을 버리고는 천상(天上)에 태어나 천상락(天上樂)을 누릴 것이다

약유보살 무자비심 불능광설차경전자 비불제자 시마
若有菩薩 無慈悲心 不能廣說此經典者 非佛弟子 是魔
반려
伴侶

만약(萬若)에 보살(菩薩)이
자비심(慈悲心)도 없고
이 경전(經典)을 널리 설(說)하지도 않는다면
그는 불제자(佛弟子)가 아니며 바로 마구니의 무리들이다

㉛
부차문수 아멸도후오탁세시 일체중생 심생기만
復次文殊 我滅度後五濁世時 一切衆生 心生欺慢
불신경전 훼자아법
不信經典 毁訾我法

세존(世尊)께서 다시 문수(文殊)에게 말하였다

문수(文殊)여!
내가 열반(涅槃)한 후(後) 세상(世上)이 탁(濁)하고 악(惡)한 때에
일체중생(一切衆生)들이
마음에 속이려는 마음과 오만(傲慢)함만 품고 있고
경전(經典)을 불신(不信)하고 불법(佛法)을 훼방(毁謗)하고

若有說法之處 無心聽覺 以此罪業 現世短命 墮諸地獄
若有誦說此長壽經處

어디에선가 설법(說法)을 한다고 해도 들으려하거나 배우려하지도 않으면
그러한 죄업(罪業)으로 현세(現世)에는 단명(短命)하고
죽어서는 지옥(地獄)에 떨어질 것이다
그러나 만약(萬若)
이 장수경(長壽經)을 독송(讀誦)하고 설(說)하는 곳이 있다는 소리를 듣고

一切衆生 能往聽者 或能勸他分座 與坐 此人 是佛棟

梁 得長壽樂 不經惡道
량 득 장 수 락   불 경 악 도

일체중생(一切衆生)들이
쏜살같이 달려가서 함께 독경(讀經)하고 설법(說法)을 듣고
혹(或)은 다른 사람들에게 권(勸)하여
자리를 나누어 앉기도 하고 함께 앉기도 하는
이러한 사람은 바로 불동량(佛棟梁)으로서
장생(長生)하는 장수락(長壽樂)을 얻을 것이며
또한 악도(惡道)도 거치지 않을 것이다

轉此經法 淸淨立壇 隨室大小
전 차 경 법   청 정 립 단   수 실 대 소

이 경(經)을 읽고자 하는 전법(轉法)에 있어서는
청정(淸淨)한 단(壇)을 세우되
집이 크면 큰 대로
집이 작으면 작은 대로 형편에 따라서 하면 될 것이다

㉜ 復次文殊 我滅度後 一切女人 身懷胎娠 殺一切
命 食諸鳥卵 爲無慈愍心

세존(世尊)께서 다시 문수(文殊)에게 말하였다
문수(文殊)여!
내가 열반(涅槃)한 후(後) 세상(世上)이 탁(濁)하고 악(惡)한 때에
일체(一切) 여인(女人)이
아이를 몸에 품어 임신(姙娠)한 몸으로
일체(一切) 생명(生命)있는 것들을 죽이고
모든 새알을 다 먹고
자비심(慈悲心)이나 연민(憐愍)도 없으면

現世 得短命報 臨生産難 以産難故 能斷其命 或是怨
家 非善知識 若能廣發誓願

현세득단명보 림생산난 이산난고 능단기명 혹시원
가 비선지식 약능광발서원

二〇〇

書寫是經 卽令易產 無諸災障 子母安樂 須男須女 隨
願得生

현세(現世)에는 단명보(短命報)를 받고
아기를 낳을 때 난산(難産)의 고통을 받기도 하고
난산(難産)으로 명(命)이 끊어져 죽기도 하고
혹(或)은 집안에 원수(怨讐)가 맺히기도 한다
선지식(善知識)이 아니라도
광대(廣大)하게 서원(誓願)을 발(發)하여
만약(萬若)

이 경(經)을 서사(書寫)하면 곧 순산(順産)하게 되고
모든 재난(災難)과 장애(障礙)는 없어지고
자모(子母)는 모두 안락(安樂)할 것이며
아들이든 딸이든 원(願)하는 바대로 낳을 것이다

爾時 世尊 告文殊舍利菩薩
이시 세존 고 문수사리보살

그 때 세존(世尊)께서 문수사리보살(文殊舍利菩薩)에게 고(告)하시였다

我今說此長壽滅罪 十二因緣佛性經 時 過去諸佛之所 共說
아금설차장수멸죄 십이인연불성경 시 과거제불지소 공설

내가 지금
장수멸죄십이인연불성경(長壽滅罪十二因緣佛性經)을 설(說)한 것은
옛날 그때에
과거(過去)의 모든 부처님이 설(說)하신 것과 똑같은 말씀으로 설(說)한 것이다

若有衆生 受持讀誦 多獲福利 盡其壽命 滿百二十 臨
약유중생 수지독송 다획복리 진기수명 만백이십 림

捨化時 不被風刀 諸一切苦
사화시 불피풍도 제일체고

만약(萬若) 중생(衆生)들이 수지독송(受持讀誦)한다면

많은 복리(福利)를 얻을 것이며

수명(壽命)이 소진(消盡)되었을지라도 백이십(百二十)은 꽉 채우게 될 것이며

몸을 버리고 천화(遷化)에 임(臨)하여서는

풍도(風刀)나 그 어떤 고통(苦痛)도 일체(一切) 받지 않을 것이다

以佛性故 得金剛不壞諸佛常身 湛然淸淨 念念堅固
이불성고 득금강불괴제불상신 담연청정 념념견고

常有菩薩 一名觀世音 二名大勢至
상유보살 일명관세음 이명대세지

이러한 불성(佛性)을 쓰는 연고(緣故)로

금강(金剛)과 같이 무너지지 않는 모든 부처님의 상신(常身)을 얻어

담연(湛然)하고 청정(淸淨)하고 념념(念念)마다 견고(堅固)하면

항상 보살(菩薩)되신 상유보살(常有菩薩)이 계셔서

첫째는 이름이 대자대비(大慈大悲) 관세음(觀世音)이시고

둘째는 이름이 대지대혜(大智大慧) 대세지(大勢至)이신데

乘五色雲 六牙白象 持蓮花臺 迎念佛者 生不動國 自
然快樂 不經八難

오색(五色)구름과 여섯 개의 어금니를 가진 코끼리를 타시고
연화대(蓮花臺)를 가지시고 염불(念佛)하는 자를 영접(迎接)하여
부동국(不動國)에 나게 하여 자연(自然)히 쾌락(快樂)하며
삼재팔난(三災八難)을 겪지 않게 하여주실 것이다

㉞
文殊 當知 愚癡衆生 不覺不知 壽命短薄 如石火
光 如水上泡 如電光出

문수(文殊)여 마땅히 알아라
우치(愚癡)한 중생(衆生)들이 깨닫지도 못하고 알아채지도 못하는 사이
수명(壽命)이 단박(短薄)에 한 순간(瞬間) 끝나버리는 것이
돌이 부딪히며 튀는 찰나(刹那)의 불꽃과 같고

二〇四

물위를 부풀어 오르다가 힘없이 스러지는 물거품과 같고

눈 깜짝할 사이 스쳐가며 흔적도 없는 번갯불과 같은 것인데

云何於中 不警不懼 云何於中 廣貪財利 云何於中 耽
운하어중 불경불구 운하어중 광탐재리 운하어중 탐

婬嗜酒 云何於中
음기주 운하어중

어찌하여 그러한 가운데서

놀라지도 않고 두려워 하지도 않을 것이며

어찌하여 그러한 가운데서

사방(四方)으로 재물(財物)에만 탐욕(貪慾)을 부릴 것이며

어찌하여 그러한 가운데서

음욕(淫慾)에 빠져 허덕이며 배고픈 사람처럼 술을 마셔댈 것이며

어찌하여 그러한 가운데서

生嫉妬心 如此生死 流浪大海 唯有諸佛菩薩 能度彼
생질투심 여차생사 류랑대해 유유제불보살 능도피

二〇五

岸 凡夫衆生 定當倫沒

질투심(嫉妬心)의 불구덩이로 들어갈 것인가
생(生)이라는 것과 사(死)라는 것은
한없이 크고 너른 큰 바다를 유랑(流浪)하는 것과 같아서
오직
모든 불보살(佛菩薩)들만이 능히 피안(彼岸)을 건너갈 수 있는 것으로
범부(凡夫) 중생(衆生)들은
결정(決定)코 틀림없이 침몰(沈沒)하여 빠져 허우적거리고 말 것이다

無常殺鬼 來無時節 縱有無量無邊 金銀財寶 情求贖
命 無有是處 衆生 當知

무상살귀(無常殺鬼)는 시도 때도 없이 달려드는데
아무리 무량무변(無量無邊)한 금은재보(金銀財寶)를 바치며
인정(人情) 사정(事情)으로 빌고 또 빌며

무상살귀(無常殺鬼)의 처형(處刑)을 면(免)하려 하지만

그 어디에서라도

생명(生命)을 구걸(求乞)할 곳이 없으니 중생(衆生)들은 마땅히 알아라

須觀此身而生念言 是身 如四毒蛇 常爲無量諸蟲之所
수관차신이생념언 시신 여사독사 상위무량제충지소

唼食 是身 臭穢
삽식 시신 취예

모름지기 이 몸을 관찰(觀察)하면서 생각을 내어 말하라

이 몸은

네 마리의 독사(毒蛇)와 같아

항상 수많은 무수한 벌레들이 달려들어 갉아먹는 밥이 되고

貪欲獄縛 是身 可惡 猶如死狗 是身 不淨 九孔常流
탐욕옥박 시신 가악 유여사구 시신 부정 구공상류

是身 如城 羅刹處內
시신 여성 라찰처내

이 몸은
쓰레기 더미와 같아
항상 악취(惡臭)가 나고 더러워서

이 몸은
가지가지 탐욕(貪慾)이 달려들어 감옥(監獄)처럼 얽어매며

이 몸은
가히 꼴불견 사나운 것이어서
비유(比喩)하자면 죽어 자빠진 개와 같고

이 몸은
정말로 더럽고 추(醜)한 것이어서
아홉 군데 구멍에서 항상 오물(汚物)이 흘러나오고

이 몸은
성(城)과 같이 구색(具色)을 갖추고 있어
라찰(羅刹)들이 자기들 집처럼 차지하고 앉아 들쑤셔대고

是身 不久 當爲烏鵲餓狗之所食噉 須捨穢身 求菩提心
시신 불구 당위오작아구지소식담 수사예신 구보리심

當觀此身 捨命之時
당관차신 사명지시

白汗流出 兩手橫空 楚痛難忍 命根盡時
백한류출 양수횡공 초통난인 명근진시 일일 이일 지
于五日 膿脹靑淤 朧汗 流出
우오일 농창청어 롱한 류출

이 몸은 오래지 않아
까마귀와 굶주린 개가 갉아 먹는 밥이 될지니
모름지기 이러한 더러운 몸을 바쳐서 보리심(菩提心)을 구(求)하라
마땅히 관(觀)하라
목숨을 버릴 때가 닥치면

통증(痛症)이 극(極)에 달(達)하여 흰 땀이 저절로 흐르고
양 손은 허공(虛空)을 휘젓고 쓰라린 고통(苦痛)은 견디기 힘들다는 것을.

목숨이 끊어져
하루나 이틀이나 닷새가 되면
배는 풍선처럼 부풀어 올라 검푸른 색이 되고
온몸은 불어터져 피고름이 땀처럼 줄줄 흐르면

父母妻子 而不喜見 乃至身骨散在於地 脚骨異處 髀骨
胜骨 腰骨 肋骨 脊骨

아무리 은혜(恩惠)롭고 사랑하는
부모처자(父母妻子)라 하여도 보기를 좋아하지 아니하고
더 나아가
몸이 땅속으로 들어가 뼈가 흩어져서
어깨뼈, 허벅지뼈, 허리뼈, 갈비뼈, 등골뼈,
발뼈는 발뼈대로 다른 곳에 있고

頂骨 觸髏 各各異處 身肉 腸脾 肝腎 肺藏 爲諸虫藪
云何於中 橫生有我

정수리뼈, 해골(骸骨)들은 각기 다른 곳으로 뿔뿔이 흩어져 버리고

生存之時 金銀珍寶 錢財庫藏 何關我事 若有衆生 須
생존지시 금은진보 전재고장 하관아사 약유중생 수
免此苦 當須不惜國城
면차고 당수불석국성

몸의 살덩이와 대소장(大小腸)과 비장(脾臟)과 간장(肝臟)과
신장(腎臟)과 폐장(肺臟)은 모든 벌레들의 구덩이가 되니

그러한 가운데를 뒤집어 보고 파헤쳐 보고
아무리 둘러보아도 나라고 하는 것이 어디에 있는가?

살아 있었을 때의
금은(金銀)과 진기(珍奇)한 보배와 창고(倉庫)에 가득 찬 돈과 재물(財物)이
죽은 후(後)에 나와 무슨 상관(相關)이 있단 말인가?
만약(萬若) 중생(衆生)들이
이러한 고통(苦痛)을 면(免)하려 하면
마땅히 모름지기
국성(國城)도

妻子 頭目 髓腦 書寫是經 受持讀誦諸佛秘藏十二因緣
流通供養 念念成就

처자(妻子)도 머리도 두 눈도、골수(骨髓)도 뇌(腦)까지도
모두 아까워하지 말고
이 경(經)을 서사(書寫)하고
모든 부처님들이 비장(秘藏)하시는
십이인연(十二因緣)을 수지독송(受持讀誦)하고 유통(流通)하고 공양(供養)하면
념념(念念)마다 모두 성취(成就)할 것이고

當得三藐三菩提心 難可沮壞 終不中夭 被橫事逼 佛於
大衆中 說此十二因緣佛性法時

당연(當然)히 삼막삼보리심(三藐三菩提心)을 얻게 되어

그 어떤 재난(災難)이 닥쳐도 저지(沮止)할 수 있고 괴멸(壞滅)시킬 수 있기에
마침내 요절(夭折)하여 비명(非命)으로 죽는 일은 없을 것이고
어떤 일이 있어도 불상사(不祥事)의 고초(苦楚)를 당하는 일은 없을 것이다
부처님께서
대중(大衆)들에게
십이인연불성법(十二因緣佛性法)을 설(說)하실 때에

一切_{일체}大會_{대회} 比丘_{비구} 比丘尼_{비구니} 優婆塞_{우바새} 優婆夷_{우바이} 天龍八部_{천룡팔부} 人非人_{인비인}等_등 波斯匿王_{파사익왕}

일체 모든 대회(大會)마다
비구(比丘)、비구니(比丘尼)、우바새(優婆塞)、우바이(優婆夷)、
천룡팔부(天龍八部)、인(人)과 비인(非人) 등(等) 파사익왕(波斯匿王)과

幷其眷屬數如恒沙_{병기권속수여항사} 皆得三藐三菩提心_{개득삼막삼보리심} 無生法忍_{무생법인} 歎未_{탄미}

曾有(증유) 一心頂禮(일심정례) 歡喜奉持(환희봉지)

아울러 항하사(恒河沙)의 모래알과 같이 많은 여러 권속(眷屬)들이 함께 하였고
이들은 모두가 다 삼막삼보리심(三藐三菩提心)과 무생법인(無生法忍)을 얻었으며
이러한 일은
일찍이 없었던 일이라 찬탄(讚歎)하며
모두가 다
일심정례(一心頂禮)로 환희(歡喜)하며 받들어 지녔다

佛說長壽命經(불설장수명경) 終(종)

三。 법공양발원문(法供養發願文) ─ 서기 1279년 5월

伏爲
복위

엎드려 바라옵건대

皇帝億載統臨
황제억재통림

황제(皇帝)께서
억만년(億萬年)을 군림(君臨)하시고

官主國王各保萬年儲宮宗室慶胤千歲
관주국왕각보만년저궁종실경응천세

나라를 다스리는
관주(官主)이신 국왕(國王)들은

次願妻梁氏及諸兒產延年益壽災萌不兆福海深
차원처양씨급제아산연년익수재맹불조복해심

모두 다
만년(萬年)을 자리 보존(保存)하시며
황태자(皇太子)와 왕족(王族)들은
경사(慶事)로운 일이
천년(千年)동안 가득하시기를 바라옵니다

다음으로
원(願)하옵는 것은,
처(妻) 양씨(梁氏)와
자손(子孫)이 모두 무병장수(無病長壽)하고
재앙(災殃)의 싹이
움트지 못하도록 하여 주시고
복덕(福德)이
하해(河海)와 같이 가득하고 깊기를 비옵고

先亡父母六親眷屬離苦得樂

이미 세상을 떠나신
부모(父母)와
육친(六親)과 권속(眷屬)들도
모두
이고득락(離苦得樂)하여
괴로움이 없기를 비나이다

法界有情俱霑利樂之願

또한,
인연(因緣) 있으신
법계(法界)의
모든 유정(有情)은
모두 다 함께

與新荷寺典香正玄同誓刻板印施無窮者
_{여 신하사 전향 정현 동서 각판 인 시 무 궁 자}

신하사(新荷寺) 전향(典香) 정현(正玄)이 함께
서원(誓願)하고
각판(刻板)하고
인쇄(印刷)하여
법포시(法布施)하오니
부디
영원(永遠)하고
무궁(無窮)하기를!

至元十五年五月日誌
_{지원 십 오 년 오 월 일 지}

지원(至元) 15년

이락(利樂)을 얻기를
발원(發願)하나이다

서기 1279년 5월에 일지(日誌)하다

棟梁道人 正玄
동량도인 정현

동량도인(棟梁道人) 정현(正玄)

京山府副使壓乃內給事由 扁
경산부부사전내내급사유 편

四. 불경(佛經)을 인쇄(印刷)하거나 불상(佛像)을 조성(造成)하면 얻게 되는 열 가지 이익(利益)

1. 지금까지 지어온 온갖 과거(過去)의 죄(罪)가 가벼운 것은 선 자리에서 곧 소멸(消滅)하고 무거운 것은 차츰차츰 가벼워지며

2. 항상(恒常) 길신(吉神)이 보호(保護)하고 염병(染病)과 수화재난(水火災難)과 때도둑과 전쟁(戰爭)과 감옥(監獄)의 재앙(災殃)을 받지 않고

3. 태어날 때마다 원수(怨讐)로 만나는 사람이, 함께 법(法)의 이익(利益)을 입고 해탈(解脫)을 얻어 원수(怨讐)를 찾아 원수(怨讐) 갚음을 되풀이 하는 괴로움을 영원(永遠)히 면(免)할 것이고

4. 야차(夜叉)와 악귀(惡鬼)가 감히 침범(侵犯)하지 못하고 독사(毒蛇)나 굶주린 호랑이라도 해(害)롭게 하지 못하고

5. 마음의 위안(慰安)을 얻어 나날이 험악(險惡)한 일은 없어지고 밤에 나쁜 꿈을 꾸는 흉몽(凶夢)이 없어지며 얼굴빛이 빛나고 윤택(潤澤)해지며

6. 기력(氣力)이 알차게 충만(充滿)하며 하는 일마다 길(吉)할 것이고 지극(至極)한 마음으로 불법(佛法)을 받들기 때문에 비록 바라거나 구(求)하는 것이 없어도 의식(衣食)은 자연(自然)히 풍족(豊足)해지며 가정(家庭)이 화목(和睦)하고 복(福)은 융성(隆盛)해지고 명(命)은 더욱 길어지고

7. 하는 말과 하는 행동(行動)마다 인천(人天)이 모두 환희(歡喜)하며 마음 내키는 대로 어디를 가든지 많은 여러 사람들이 정성(精誠)을 기울여서 사랑하고 모시고 공경(恭敬)하고 예배(禮拜)할 것이며

8. 어리석은 자(者)는 지혜(智慧)로운 자(者)로 변(變)하고 병(病)든 환자(患者)는 건강(健康)한 몸으로 바뀌고 곤란(困難)에 처한 자(者)는 형통형통(亨通)하는 운세(運勢)가 되고

9. 영원(永遠)히 악도(惡道)를 떠나 선도(善道)를 수생(受生)하며 관상(觀相)이 뛰어나고 외모(外貌)가 단정(端正)하며 천품(天品)의 재주가 뛰어나고 복록(福祿)이 수승(殊勝)할 것이며

10. 능(能)히 일체중생(一切衆生)을 위하여 선근종자(善根種子)를 심으며 중생(衆生)의 마음으로 대복전(大福田)을 지어 한량없는 승과(勝果)를 얻어

태어나는 곳마다
항상(恒常) 부처님을 뵈옵고 부처님 법문을 들으며
곧 바로 삼혜(三慧)가 열려 육통(六通)을 친(親)히 증득(證得)받고
속(速)히 성불(成佛)하게 될 것이다

경(經)을 인쇄(印刷)하고 불상(佛像)을 조성(造成)하면
이상(以上)과 같은 수승(殊勝)한 공덕(功德)이 있을 것이므로,
무릇 수명(壽命)을 빌거나
기쁜 일을 축하(祝賀)하거나
온갖 재액(災厄)을 면(免)하려 하거나
구(求)하는 바가 있어 빌거나
참회(懺悔)하거나
천도(遷度)하려 할 때에
마땅히 환희심(歡喜心)을 내어
포시희사(布施喜捨)하기를
노력(努力)하여 힘써 행(行)하라

五. 십선(十善)과 십악(十惡)

십선(十善)은 복덕(福德)이 되고
십악(十惡)은 악덕(惡德)이 된다.

좋은 인연(因緣)도 인연(因緣)이고
나쁜 인연(因緣)도 인연(因緣)이다.

선악(善惡)과 시비(是非)와
지범개차(持犯開遮)에 밝은 사람은
가(可)히 지혜(智慧)로운 사람이라 할만하다

① 살생(殺生)에 관(關)한 응보(應報)

● 살생(殺生)을 하지 않으면 받는 열 가지 복(福)

(1) 중생(衆生)들에게 평화(平和)를 베풀게 되는 복(福)
(2) 중생(衆生)들에게 큰 자비심(慈悲心)을 내게 되는 복(福)
(3) 나쁜 성질(性質)의 습기(習氣)가 끊어지는 복(福)
(4) 몸에 병이 없어지고 몸의 나쁜 습기(習氣)가 끊어지는 복(福)
(5) 수명(壽命)이 길어지고 단명보(短命報)의 나쁜 습기가 끊어지는 복(福)
(6) 항상 신장(神將)이 보호(保護)해 주는 복(福)
(7) 악(惡)한 꿈을 꾸지 않아 잠을 잘 자는 복(福)
(8) 원한(怨恨)이 없어지므로 원결(怨結)이 잘 풀리는 복(福)
(9) 악도(惡道)에 떨어질 두려움이 없는 복(福)
(10) 목숨을 마치면 천상(天上)에 태어나는 복(福)

● 살생(殺生)을 하면 받게 되는 열 가지 벌(罰)

(1) 독(毒)한 마음이 생(生)을 거듭하면서도 계속되는 벌(罰)
(2) 생명체(生命體)가 싫어지고 보기조차 싫어지는 벌(罰)

(3) 항상 악념(惡念)을 품게 되고 나쁜 일만 생각나는 벌(罰)
(4) 생명(生命)이 있는 것에 두려움을 갖게 되는 벌(罰)
(5) 수면(睡眠)중에 잠을 자면서도 마음이 두렵고 불안한 벌(罰)
(6) 항상 악몽(惡夢)에 시달리는 벌(罰)
(7) 목숨이 끊어질 때 겁에 질려 두려워하며 악사(惡死)하는 벌(罰)
(8) 단명보(短命報)를 받는 업(業)의 인연(因緣)을 심는 벌(罰)
(9) 생명(生命)이 끝나면 지옥(地獄)에 떨어지는 벌(罰)
(10) 환생(還生)하여도 언제나 단명보(短命報)를 받는 벌(罰)

② 절도(竊盜)에 관(關)한 응보(應報)

● 도둑질하지 아니하면 받는 열 가지 복덕(福德)

(1) 재물(財物)이 많아도 도둑이 침범(侵犯)하지 못하는 복덕(福德)
(2) 남들이 나를 속이지 못하는 복덕(福德)
(3) 시방세계 중생들이 찬탄(讚嘆)하는 복덕(福德)
(4) 손해(損害) 볼 근심이 없는 복덕(福德)
(5) 착한 명예(名譽)가 널리 퍼지는 복덕(福德)
(6) 아무리 많은 대중(大衆) 앞에 서도 두려움이 없는 복덕(福德)
(7) 색・심・명・안락(安樂)에 변재(辯才)가 구족(具足)한 복덕(福德)
(8) 항상 보시(布施)할 생각을 하는 복덕(福德)
(9) 많은 사람들이 아끼고 공경(恭敬)하는 복덕(福德)
(10) 목숨을 마치면 천상(天上)에 태어나는 복덕(福德)

● 도둑질하면 받게 되는 열 가지 벌(罰)

(1) 물건의 주인이 항상 저주하는 벌(罰)
(2) 행동이 부자연스러워 사람의 의심을 받는 벌(罰)

(3) 언제 탄로날지 몰라 항상 불안한 벌
(4) 악인(惡人)들과 한 패가 되어 착한 사람들과 멀어지는 벌(罰)
(5) 좋은 생활을 하기 어려운 벌(罰)
(6) 죄(罪)가 드러나 관가(官家)의 처벌을 받는 벌(罰)
(7) 자신(自身)의 재물(財物)이 없어지는 벌(罰)
(8) 가난하게 되어 곤궁한 업(業)의 인연(因緣)을 심는 벌(罰)
(9) 죽어서 지옥(地獄)에 가는 벌(罰)
(10) 환생(還生) 후(後)에 재산을 모아도 자기 재산이 오악의 공유물(共有物)이 되는 벌(罰)

③ 음행(淫行)에 관(關)한 응보(應報)

● 사음(邪淫)하지 않으면 받는 세 가지 복덕(福德)

(1) 모든 육근(六根)이 고르고 순(順)한 복덕(福德)
(2) 시끄러운 것을 여의어 일체 세간(世間)이 고요한 복덕(福德)
(3) 내 아내를 감히 엿보거나 침노할 자(者)가 없는 복덕(福德)

● 사음(邪淫)하면 받는 열 가지 벌(罰)
(부부 이외에 음란한 행위를 할 때 받는 열 가지 벌)

(1) 사음(邪淫)한 여인(女人)의 남편이 위해(危害)를 가하는 벌(罰)
(2) 부부사이가 화목(和睦)치 않아 항상 싸우고 다투는 벌(罰)
(3) 많은 불선(不善)의 법(法)이 나날이 늘어가는 벌(罰)
(4) 몸을 보호(保護)하지 못하고 처자(妻子)는 고독하여지고 불행이 찾아드는 벌
(5) 재산(財産)이 나날이 줄어드는 벌(罰)
(6) 나쁜 일이 생겼을 때 항상 사람들로부터 환영을 받지 못하는 벌(罰)
(7) 친척(親戚)과 자식 있는 사람들로부터 환영(歡迎)을 받지 못하는 벌(罰)

(8) 남에게 원망(怨望)받는 업(業)의 인연(因緣)을 심는 벌(罰)
(9) 몸이 상(傷)하고 목숨이 끊어진 뒤 지옥(地獄)에 가는 벌(罰)
(10) 만약에 여자(女子)로 태어나면 많은 남자(男子)가 다 내 남편이 되고, 남자(男子)로 태어나면 자기 아내가 정결(貞潔)하지 못한 벌(罰)

④ 입으로 짓는 선악(善惡)의 응보(應報)

● 거짓말을 아니 하면 받는 여덟 가지 복덕(福德)

(1) 입에서 항상 백합(百合)의 향기(香氣)가 나는 복덕(福德)
(2) 말을 하면 인간(人間)이나 천인(天人)이 모두 공경(恭敬)하고 듣는 복덕(福德)
(3) 항상 자비(慈悲)로운 말로 중생(衆生)을 위안(慰安)해 주는 복덕(福德)
(4) 즐거움을 얻어 삼업(三業)이 청정(淸淨)한 복덕(福德)
(5) 말에 잘못됨이 없고 마음이 항상 즐거운 복덕(福德)
(6) 말이 진실(眞實)하여 인간(人間)이나 천인(天人)이 받아 행(行)하는 복덕(福德)
(7) 지혜가 수승(殊勝)하여 가로막을 이가 없는 복덕(福德)
(8) 모든 세간(世間)이 믿고 심복(心腹)한다

● 두 가지 말을 아니하면 받는 다섯 가지 복덕(福德)

(1) 파괴(破壞)하지 못할 몸을 가지는 복덕(福德)
(2) 파괴(破壞)하지 못할 권속(眷屬)을 거느리는 복덕(福德)
(3) 파괴(破壞)하지 못할 믿음을 갖게 되는 복덕(福德)

(4) 파괴(破壞)하지 못할 법(法)을 지니는 복덕(福德)
(5) 파괴(破壞)하지 못할 선지식(善知識)을 얻게 되는 복덕(福德)

● 악담(惡談)을 아니하면 받는 여덟 가지 복덕(福德)

(1) 말이 흐트러지지 않는 복덕(福德)
(2) 말이 모두 유익(有益)한 복덕(福德)
(3) 말이 반드시 이치(理致)에 맞는 복덕(福德)
(4) 말이 반드시 아름답고 멋있다
(5) 말이 들음직하다
(6) 말에 신용(信用)이 있는 복덕(福德)
(7) 말이 진실(眞實)되고 유순(柔順)한 복덕(福德)
(8) 말을 하면 모두 사랑하고 즐거워하는 복덕(福德)

● 꾸며대는 말을 안 하면 세 가지 정법(正法)을 성취(成就)한다

(1) 반드시 지혜(智慧)가 있는 사람에게 공경(恭敬)을 받는 자(者)가 된다
(2) 지혜(智慧)로 문답(問答)할 수 있는 자(者)가 된다
(3) 사람이나 천인(天人)가운데 수승(殊勝)하여 허망(虛妄)함이 없다

● 망어(妄語)로 받게 되는 열 가지 벌(罰)

(1) 입김이 구린내 나는 벌(罰)
(2) 선신(善神)이 멀리하고 악신(惡神)이 가까이 오는 벌(罰)
(3) 진실을 말해도 진심(眞心)을 받아들이지 않는 벌(罰)
(4) 지혜(智慧) 있는 사람들의 토론장(討論場)에 참가(參加)하지 못하는 벌(罰)
(5) 항상 비방(誹謗)과 헐뜯음을 당하고 말이 추악(醜惡)하다는 소문이 퍼지는 벌(罰)
(6) 존경(尊敬)을 받지 못하고 바른 말을 하더라도 사람들이 받아들이지 않는 벌
(7) 항상 근심이 많은 벌(罰)
(8) 비방(誹謗)을 받을 업(業)의 인연(因緣)을 심는 벌(罰)
(9) 죽은 후(後)에 반드시 지옥(地獄)에 빠지는 벌(罰)
(10) 환생(還生)하여 사람이 되어도 언제나 남의 비방(誹謗)을 받는 벌(罰)

⑤ 탐진치(貪嗔痴)에 관(關)한 응보(應報)

● 탐심(貪心)을 내지 않으면 성취(成就)하는 다섯 가지 자제력(自制力)

(1) 삼업(三業)
(2) 재물(財物)
(3) 복덕(福德)
(4) 지위(地位)
(5) 얻는 물건(物件)을 자재(自在)로 한다

● 성을 안 내면 성취(成就)하는 여덟 가지 즐거운 마음

(1) 번민(煩悶)하는 마음이 없다
(2) 성내는 마음이 없다
(3) 송사(訟事)하는 마음이 없다
(4) 부드럽고 온화하고 곧은 마음이 있다
(5) 성인(聖人)들의 사랑을 받는다
(6) 항상 중생(衆生)을 이익(利益)되게 한다

(7) 몸이 단정(端正)하여 사람들의 존경(尊敬)을 받는다

(8) 화합(和合)으로 목숨이 다하면 범천(梵天)에 태어난다

● 사견(邪見)을 안 내면 성취(成就)하는 열 가지 공덕법(功德法)

(1) 좋은 취미(趣味)와 좋은 친구를 얻는다
(2) 인과(因果)를 깊이 믿어 악업(惡業)을 짓지 않는다
(3) 부처님께 귀의(歸依)하고 다른 데로 빠지지 않는다
(4) 바른 소견(所見)으로 길흉(吉凶)에 대한 의심(疑心)을 여읜다
(5) 인간세상이나 천상(天上)에 태어나고 악도(惡道)에 나지 않는다
(6) 무량(無量)한 복덕(福德)과 지혜(智慧)가 점점 쌓여진다
(7) 사도(邪道)를 길이 여의고 정도(正道)를 행한다
(8) 악업(惡業)을 길이 여의고 육안(肉眼)을 믿지 않는다
(9) 걸림이 없는 지견(知見)에 머문다
(10) 모든 어려운 데에 떨어지지 아니 한다

⑥ 음주(飮酒)했을 때 생기는 서른여섯가지 해악(害惡)

(1) 재물(財物)이 흩어지는 해악(害惡)
(2) 병(病)이 많이 생기는 해악(害惡)
(3) 싸움이 일어나는 해악(害惡)
(4) 살생심(殺生心)이 왕성(旺盛)해지는 해악(害惡)
(5) 성질(性質)내는 마음이 자꾸 늘어나는 해악(害惡)
(6) 뜻대로 되는 일이 적어지는 해악(害惡)
(7) 지혜(智慧)가 없어지는 해악(害惡)
(8) 복덕(福德)이 늘지 않는 해악(害惡)
(9) 복덕(福德)이 차츰 줄어지는 해악(害惡)
(10) 비밀이 드러나는 해악(害惡)
(11) 사업(事業)이 이루어지지 않는 해악(害惡)
(12) 근심 걱정이 늘어나는 해악(害惡)
(13) 모든 감각(感覺)이 둔해지는 해악(害惡)
(14) 부모(父母)를 욕(辱)되게 하는 해악(害惡)
(15) 사문(沙門)을 공경(恭敬)치 않게 되는 해악(害惡)
(16) 파라문(婆羅門)을 공경(恭敬)치 않게 되는 해악(害惡)
(17) 부처님을 존경(尊敬)치 않게 되는 해악(害惡)

(18) 승가(僧家)의 법(法)을 공경(恭敬)치 않게 되는 해악(害惡)
(19) 나쁜 벗과 가까워지는 해악(害惡)
(20) 착한 벗이 멀어지는 해악(害惡)
(21) 음식(飮食)을 아끼지 않게 되는 해악(害惡)
(22) 속살을 감추지 못하게 되는 해악(害惡)
(23) 음욕(淫慾)이 발동(發動)하게 되는 해악(害惡)
(24) 여러 사람이 좋아하지 않게 되는 해악(害惡)
(25) 실없는 말을 많이 하게 되는 해악(害惡)
(26) 부모(父母)가 근심하게 되는 해악(害惡)
(27) 권속(眷屬)이 싫어하는 해악(害惡)
(28) 잘못된 법(法)을 따르는 해악(害惡)
(29) 바른 법(法)을 멀리하게 되는 해악(害惡)
(30) 어진 이를 공경(恭敬)치 않게 되는 해악(害惡)
(31) 잘못을 범(犯)하게 되는 해악(害惡)
(32) 열반(涅槃)이 멀어지게 되는 해악(害惡)
(33) 미친 짓이 많아지는 해악(害惡)
(34) 몸과 마음이 어지러워지게 되는 해악(害惡)
(35) 나쁜 길에 방황(彷徨)하게 되는 해악(害惡)
(36) 목숨이 다한 뒤 지옥(地獄)에 떨어지게 되는 해악(害惡)

六、畫報

① 석가모니(釋迦牟尼) - 16세기(十六世紀)

② 아미타불(阿彌陀佛) － 15세기(十五世紀)

③ 미륵불(彌勒佛) - 15세기(十五世紀)

④ 약사불(藥師佛) － 15세기(十五世紀)

⑤ 연등불(燃燈佛) - 17세기(十七世紀)

⑥ 대일여래(大日如來) - 15세기(十五世紀)

⑦ 아축불(阿閦佛) － 15세기(十五世紀)

⑧ 청정불(淸淨佛) － 17세기(十七世紀)

⑨ 금강지(金剛持) - 15세기(十五世紀)

⑩ 대위덕금강(大威德金剛) - 15세기(十五世紀)

⑪ 밀집금강(密集金剛) － 17세기(十七世紀)

⑫ 공행모(空行母) － 13세기(十三世紀)

⑬ 금강살타(金剛薩埵) - 15세기(十五世紀)

⑭ 존승불모(尊勝佛母) - 15세기(十五世紀)

⑮ 육비문수(六臂文殊) - 18세기(十八世紀)

⑯ 사유관음(思惟觀音) — 15세기(十五世紀)

⑰ 반야불모(般若佛母) - 15세기(十五世紀)

⑱ 달마다라상(達摩多羅像) - 18세기(十八世紀)

⑲ 가섭존자상(迦葉尊者像) － 18세기(十八世紀)

⑳ 연화생대사상(蓮花生大師像) — 16세기(十六世紀)

㉑ 다문천왕(多聞天王) - 15세기(十五世紀)

㉒ 금강수호법(金剛手護法) - 13세기(十三世紀)

㉓ 길상천모(吉祥天母) - 13세기(十三世紀)

㉔ 백재신(白材神) - 17세기(十七世紀)

㉕ 흑재신(黑財神) - 15세기(十五世紀)

㉖ 기사신(騎獅神) — 15세기(十五世紀)

㉗ 대범천(大梵天) － 15세기(十五世紀)

㉘ 금강해모(金剛亥母) - 13세기(十三世紀)

㉙ 가릉빈가(迦陵頻伽) - 16세기(十六世紀)

㉚ 능식공행(能食空行) - 16세기(十六世紀)

□ 編譯 : 자적화(自寂華) 허호정(許好廷)

- 1972. 4. 24. 경남 마산 출생
- 국민대학교 대학원 국어교육학과(국어교육학 석사)
- 일본어 번역 자격증 취득
- 틈틈이 학생들에게 어학(語學)을 지도하면서, 외단(外丹)이 수행(修行)에 끼치는 영향과 내단(內丹)의 양대(兩大) 계파(系派)의 차이점, 인간계(人間界) 모든 수행과 학문을 현관일규(玄關一竅)에 종착(終着)시키는 최고상승수련(最高上乘修鍊) 등에 흥미를 가져, 동양철학에 관하여 공부하고 있다.
- 2001.(음) 6. 初8. 太上功課經 飜譯 出版
- 2014.(음) 6. 初8. 別冊 道門功課 7版 出版
- 2017.(음) 3. 初3. 別冊 道門功課 8版 出版

원문대역판 혈서진경(血書眞經)
(原題・長壽滅罪經)

印刷 : 西紀 2017年 丁酉(陰) 3月 初1日
發行 : 西紀 2017年 丁酉(陰) 3月 初3日

漢譯 : 沙門 佛陀波利
國譯 : 자적화(自寂華) 허호정(許好廷)

發行人 : 김재호(金在昊)
發行處 : 圖書出版 Baikaltai House
　　　　(우) 07272
　　　　서울특별시 永登浦區 楊坪洞1街 132-1
　　　　電話 : (02)2671-2306
　　　　팩스 : (02)2635-2880
登錄番號 : 166-96-00448
登 錄 日 : 2017.3.13
定　　價 : 15,000원

ISBN 979-11-960712-6-4